CHANTAL GRAND

LE DOULOUREUX PASSÉ

DE LA

MÉDITERRANÉE

INTRODUCTION

Al-Andalus, est le nom qui rappelle l'ensemble des terres de la péninsule Ibérique, et de la Septimanie qui furent sous domination musulmane au Moyen-âge (711-1492).

L'Andalousie actuelle, qui en tire l'origine de son nom, n'en constitua longtemps qu'une petite partie.

La conquête et la colonisation du pays par les Maures, furent extrêmement rapides, mais aussi imprévues et correspondirent à l'essor du monde musulman.

Al-Andalus devint alors un foyer de haute culture au sein de l'Europe médiévale, attirant un grand nombre de savants et ouvrant ainsi une période de riche épanouissement culturel.

L'historien et islamologue allemand Heinz Halm a démontré en 1989 qu'Al-Andalus, provient de l'arabisation de la désignation wisigothique de l' Espagne « landa-hlauts », signifiant « attribution des terres par tirage au sort », composé de landa – terre – et hlauts – sort, héritage.

Ce terme aurait été repris par les Maures au VIIIe siècle et déformé phonétiquement en al-Andalus.

LES ORIGINES DE LA CONQUÊTE

Après la conquête de la totalité de l'Afrique du Nord, le gouverneur Moussa Ibn Noçaïr, bute sur la ville de Ceuta, qui lui résiste.

Territoire byzantin, comme toute la côte africaine avant l'arrivée arabe, la ville est trop distante de Constantinople pour être secourue efficacement.

Pour se protéger, Ceuta se tourne vers l'Espagne des Wisigoths.

Julien, le gouverneur de la cité envoie même sa fille à Tolède afin qu'elle puisse y parfaire son éducation.

Le comportement du roi Rodéric, qui viole la jeune femme fait pourtant basculer la situation. Julien en colère souhaite se venger, et il conclut un pacte avantageux avec Moussa en lui ouvrant les portes de sa ville, tout en lui vantant les mérites d'une conquête de l'Hispanie.

Pour prouver sa bonne volonté, il met à la disposition des troupes musulmanes ses vaisseaux, mais, Moussa préfère toutefois demander l'autorisation au calife Walid qui lui répond : « Faites explorer l'Espagne par des troupes légères, mais gardez-vous pour le moment du moins d'exposer une grande armée aux périls d'une expédition d'outremer ? ».

Moussa obéit au calife et envoie donc un dénommé Abou-Zora accompagné de quatre cents hommes et cent chevaux qui franchissent le détroit de Gibraltar à bord de quatre navires affrétés par Julien, le gouverneur de Ceuta.

Après avoir pillé les côtes autour d'Algésiras, ils retournent en Afrique au mois de juillet 710.

Satisfait du résultat, Moussa profite des troubles qui occupent le roi Rodéric au nord pour envoyer Tarîq ibn Ziyâd, général de son avant-garde, avec 7 000 hommes.

N'ayant que les quatre navires offerts par Julien, Tarîq réunit ses troupes sur la montagne qui porte aujourd'hui son nom, Gibraltar.

Immédiatement alerté, Rodéric se met en marche contre Tarîq avec une grande armée.

Ne pouvant évacuer ses troupes avant l'arrivée des Wisigoths, le général musulman opte pour l'affrontement direct et demande même à Moussa l'envoi de renforts qui lui offre 5 000 combattants Berbères, si bien que les forces musulmanes s'élèvent à 12 000 hommes, très peu comparés aux armées de Rodéric, dont on estime qu'elles étaient au nombre de 40 000.

Malgré, ce net désavantage numérique, c'est la trahison au sein du camp wisigoth qui aidera les armées musulmanes.

Rodéric ayant contre lui un parti très puissant de nobles qui l'accusaient d'avoir usurpé le trône en assassinant son prédécesseur, Wittiza. Obligés de participer aux guerres de Rodéric, ces nobles n'en gardaient pas moins une haine envers leur roi.

Pour l'anéantir, ils se mettent d'accord afin de le trahir durant la bataille avec les musulmans. Cette trahison n'avait pas pour but de livrer l'Hispanie aux musulmans, car ces nobles pensaient que le but de Tarîq était uniquement de piller la région puis de repartir.

La bataille a lieu sur le rivage du Guadalete le 19 juillet 711. Les deux fils de Wittiza commandent les ailes de l'armée espagnole et finissent par trahir Rodéric qui gouverne le centre. Durant la bataille, il est probable que Rodéric perde la vie, ce qui laisse le pays sans chef.

Tarîq profite de cette situation et contrairement à ce que lui avait ordonné Moussa, mais aussi à ce que pensaient les nobles Wisigoths, il marche en avant. L'avancement des troupes musulmanes est renforcé par le soutien qu'ils rencontrent au sein du petit peuple, mais aussi des Juifs qui ont longtemps été opprimés.

Après avoir conquis Ecija, Tarîq peut à présent envisager la prise de Tolède, la capitale, mais aussi Cordoue, Archidona et Elvira. Archidona, abandonnée par sa population, est prise sans peine, Elvira quant à elle, est confiée à des troupes juives et musulmanes.

  Cordoue est livrée à Tarîq par un berger qui lui indique une brèche d'où il peut facilement entrer avec ses troupes, et Tolède est conquise à la suite d'une trahison des Juifs de la Cité. Le commandement de cette dernière est donné à un frère de Wittiza.

  En Afrique, Moussa qui avait pourtant ordonné à Tarîq d'y retourner après avoir pillé les côtes ibériques est mécontent. La popularité de son général l'agace et il décide de prendre part à la conquête de la péninsule. Au mois de juin 712, il passe donc le détroit de Gibraltar accompagné de 18 000 soldats arabes et prend Médina-Sidonia et Carmona, puis se met en route vers Tolède où il rencontre Tarîq qui est fortement réprimandé pour sa conquête solitaire de la péninsule.

  Le reste de l'Hispanie, sans chef à sa tête, se soumet rapidement à la conquête arabe. Les premières années de la présence musulmane sont assez chaotiques, mais très rapidement les dirigeants musulmans imposent l'ordre et la domination arabe est acceptée par le peuple qui a le droit de conserver ses lois et ses juges, mais voit aussi la nomination de gouverneurs et de comtes locaux. Les serfs qui connaissaient l'exploitation des terres conservent leur rôle, mais doivent reverser au propriétaire du terrain les quatre cinquièmes des récoltes et si les terres appartiennent à l'État ce n'est que trois cinquièmes.

  La situation des Chrétiens est très variable, selon les villes et les conditions lors de la signature du traité, mais, en général, ils conservent la plupart de leurs biens. Ils doivent payer à l'État un impôt de 48 dirhams pour les riches, 24 pour la classe moyenne et de 12 dirhams pour ceux qui vivent d'un travail manuel.

Les femmes, les enfants, les moines, les handicapés, les malades, les mendiants et les esclaves en sont toutefois exemptés.

Enfin, l'impôt est levé si la personne se convertit à l'islam.

L'arrivée des Arabes est considérée, comme une source de liberté pour de nombreuses couches de la société.

Durant les rois Wisigoths, le clergé et la noblesse disposaient de nombreux privilèges comme la possession de vastes étendues de terres en partie inexploitées. Lorsqu'une ville capitulait pacifiquement comme à Mérida, Beja ou encore Évora, les nobles wisigoths pouvaient conserver leurs terres, si bien que certains documents attestent de la présence de très riches propriétaires terriens wisigoths jusqu'aux XIIe siècle et l'Église elle aussi pouvait conserver ses terres.

En revanche, si comme à Séville, la ville s'était révoltée à l'arrivée musulmane, les Arabes divisaient les terrains des nobles et les réattribuaient à un grand nombre de personnes comme aux serfs, favorisant ainsi les petites propriétés. Ces derniers, opprimés durant la règle des rois Wisigoths, jouissent d'une certaine indépendance dans l'exploitation de ces terres dans la mesure où leurs nouveaux maîtres sont de piètres agriculteurs et donc laissaient leurs subordonnés cultiver comme, ils le souhaitaient.

Le morcellement des terres ayant appartenu aux nobles Wisigoths a pour conséquence d'améliorer la culture et le rendement des exploitations.

Quant aux esclaves, il leur était extrêmement facile de recouvrer la liberté puisqu'il leur suffisait de se présenter devant les autorités et de prononcer la profession de foi musulmane, ils étaient immédiatement affranchis selon la loi islamique. Ces nouvelles lois ont pour conséquence la conversion de nombreux serfs et esclaves. Pour les plus hautes couches de la société, la conversion permet de ne plus payer l'impôt prévu pour les non-musulmans.

L'arrivée des Musulmans apporte aussi son lot de difficultés et de maux. Bien que le culte chrétien soit libre, l'Église est sous l'autorité musulmane et juive qui préside les réunions. Les sultans nomment les évêques et les traités signés entre Musulmans et Chrétiens s'estompent au fil des décennies.

En 784, soit près de soixante-dix ans après l'arrivée des Arabes dans la péninsule, Abd al-Rahman Ier, impose aux Chrétiens la vente de la moitié de la cathédrale de Cordoue pour cent mille dinars, il viole aussi le traité qu'avaient signé ses prédécesseurs en confisquant les terres d'Ardabast, descendant de Wittiza, uniquement parce qu'il trouve qu'un Chrétien ne peut avoir de terres aussi vastes. Afin d'accélérer le processus de conversion, les impôts que doivent payer les non-musulmans augmentent.

En 714, Tarîq et Moussa sont appelés à Damas pour enquête. Le nouvel émir al-Hurr poursuit de 716 à 719 la conquête et parvient jusqu'aux Pyrénées, détruisant Tarragone et occupant Barcelone. Ses successeurs iront même au-delà des Pyrénées, vers la Septimanie wisigothique, d'où ils lanceront des expéditions vers le nord.

La Septimanie est conquise (en 719) et Narbonne devient sous le nom d'Arbûna, le siège d'un Wali pendant quarante ans. La capitale d'une des cinq provinces d'Al-Andalus, aux côtés de Cordoue, Tolède, Mérida et Saragosse. Les Musulmans laissèrent aux anciens habitants, chrétiens et juifs, la liberté de pratiquer leur religion moyennant tribut. En 759, Narbonne est reprise par Pépin le Bref et les Musulmans chassés de la Gaule.

L'arrêt de la conquête musulmane en Occident s'explique certes par la contre-attaque des Francs, mais surtout par l'insurrection berbère au Maghreb, appuyée sur le kharidjisme (740).

Les Berbères d'Espagne se soulèvent eux, aussi, formant plusieurs colonnes qui menacent Cordoue et Tolède. Face à ce péril, les Arabes, peu nombreux, ne sont pas unis. Une opposition traditionnelle existe entre Kaisites (bédouins nomades de l'Arabie du Nord et du Centre), et kalbites (cultivateurs sédentaires originaires du Yémen). La révolte berbère est malgré tout matée par le kaisite Baldj, avec quelques milliers de Syriens qui avaient été évacués de Ceuta assiégé, et qui restèrent finalement en Espagne.

Par ailleurs, des nobles wisigoths se réfugient dans les zones montagneuses du nord-ouest de la péninsule (dans l'actuelle région des Asturies). Vaste, montagneuse et pauvre cette région est difficile d'accès.
Or, les Arabes désireux de se concentrer sur la riche vallée du Rhône ou l'Aquitaine, ne souhaitant pas et surtout ne peuvent pas du fait d'un manque de soldats, se lancer dans une longue guerre contre cette poignée de fuyards trop faibles pour les menacer. Ignorée par les émirs andalous, cette communauté se développera et initiera ultérieurement, la Reconquista.

Une frontière tacite au nord, l' Èbre et du Douro donne naissance à un no man's land émaillé de citadelles et de châteaux, berceau de la future Castille.

À partir de 720, les conflits internes s'aggravant alors que la tendance kaisite l'emporte. Durant cette période de confusion, le pays voit de 711 à 726 la succession de 21 gouverneurs qui prennent de plus en plus d'indépendance par rapport au califat de Damas.

Le premier gouverneur, un certain Ayyub, désigné probablement par le camp berbère après de difficiles tractations avec les Arabes, est un homme pieux et sans grande autorité.

Le nouveau gouverneur prend la décision de déplacer la capitale du pays de Séville à Cordoue, afin de satisfaire les populations berbères nombreuses dans la ville. Cette décision est d'autant plus notable qu'il ne demande la permission ni à Suleiman gouverneur d'Afrique ni encore moins au calife de Damas, signe de la volonté d'émancipation de la péninsule.

Les impôts et le tribut ne sont plus envoyés à Damas, et bien que lent à réagir, Suleiman gouverneur d'Afrique décide d'envoyer de nouveaux gouverneurs, dont l'un nommé Al-Sahm parviendra partiellement à réconcilier les différents clans.

Une grande révolte des Berbères éclate (739) dans le Maghreb occidental et se répercute en Espagne. D'abord victorieux à Cordoue, ils seront vaincus et doivent quitter pour certains la péninsule. La guerre civile perdurera pendant une quinzaine d'années.

Le renversement des Omeyyades par les Abbassides a pour conséquence l'émancipation de l'Espagne.

Abd al-Rahmân, petit-fils du dernier calife Omeyyade, se réfugie en Afrique du Nord, parmi les Berbères dont sa mère est issue. Son affranchi Badr, lui ayant obtenu le ralliement des Syriens et d'une partie des kalbites d'Espagne, il passe dans ce pays et s'empare de Cordoue en 756, où il se proclame émir.

LA TRAVERSÉE DES PYRÉNÉES

Au VIIIe siècle, les premiers Musulmans arrivent en France, et s'installent dans les environs de Toulouse, Narbonne, dominée par les Wisighots, à une population romanisée héritière de l'Empire romain d'occident.

La ville dispose toujours des murailles de l'époque romaine, chantées par l'évêque Sidoine Apollinaire en 465 et dont les fragments sont toujours visibles dans la ville et au musée lapidaire. Selon une histoire locale connue des Narbonnais, les Sarrasins seraient entrés dans la ville par surprise, à l'automne 719 ou 720, en profitant de l'ouverture des portes en cette période des vendanges.

Cette hypothèse explique pourquoi la ville fut si facilement conquise, en dépit de ses ouvrages défensifs, et fut si longue à reprendre. L'incertitude quant à la date exacte de la prise de la ville est un élément de plus qui laisse à penser à une prise des fortifications de la ville, plus que de la ville elle-même, qui semble avoir été épargnée à l'exception de ses défenseurs.

Le chef musulman, Al-Samah, troisième gouverneur d'Espagne, fait mettre à mort les hommes ayant tenté de défendre la cité, déporter leurs femmes et enfants en Espagne et installe une garnison. La ville est le siège d'un Wali. Al-samah, habile politique, après avoir rétabli l'ordre en Espagne, vint assiéger Narbonne, la prit et en tua les habitants. Puis des hordes d'Arabes vinrent, suivies de leurs femmes et de leurs enfants, s'établir dans le Languedoc, avec l'intention d'occuper le pays. Narbonne devient dès lors la place-forte des musulmans en France.

Son port, assurait leurs communications avec la mer, et sa forte position pouvait les rendre maîtres du pays.

Al-samah se porta sur Toulouse, mais Eudes, duc d'Aquitaine sauva sa capitale par une victoire où Al-samah fut tué.

En vain, les habitants du languedoc, essayèrent de reprendre Narbonne, une guerre à mort s'engagea, et elle durait encore, sans avoir amené de résultat, lorsque Ambiza, successeur d'Al-samah, franchit les Pyrénées en 724. Carcassonne, Nîmes tombèrent en son pouvoir et :

« le vent de l'islam, dit un auteur arabe, commença dès lors à souffler de tous les côtés contre les chrétiens ».

Toute la septimanie, l'Albigeois, le Rouergue, le Gevaudan, le Velay, l'Auvergne méridionale, furent dévastés, incendiés, dépeuplés, puis de là, les Sarrasins fondirent sur Lyon, qu'ils pillèrent en 732.

Mâcon, Châlons, Beaume, Autun, la Franche-Comté, le Dauphiné, furent ravagés à leur tour, sans que Eudes, accablé ou Charles Martel, en guerre avec la Germanie, opposassent la moindre résistance. Il fallait l'arrivée d'Abd-er-Rahman, au gouvernement de l'Espagne, et son projet de conquérir la Gaule tout entière, pour que la situation change.

Abd-er-Rahman, avait rassemblé une armée, il prit sa route à travers l'Aragon et la Navarre, entra en France, par les vallées de Bigorre et de Béarn, brûlant Oloron, Aire, Bazas, Bordeaux, Libourne, Poitiers. Il s'avançait sur Tours, attiré par les richesses de l'abbaye de Saint-Martin, lorsqu'il apprit l'arrivée de Charles Martel, accouru pour s'opposer :

« À cette tempête qui renversait tout, à ce glaive pour qui rien n'était sacré ».

Les Musulmans imposent aux habitants, chrétiens et juifs, le statut de Dhimmi qui les autorise à pratiquer leur religion d'une manière strictement encadrée et leur impose de payer un tribut. Ils deviennent des citoyens de conditions inférieures, dans leur propre pays.

Les Arabes sont défaits (en 721) par Eudes d'Aquitaine aux portes de Toulouse, Al-Samah, trouve la mort et l'armée musulmane bat en retraite.

De cette courte période (40 ans à Narbonne tout de même), il ne reste aujourd'hui que peu de traces qui se résument à quelques pièces de monnaie éparses.

Du point de vue du califat de Bagdad, la province de Narbonne n'avait qu'une faible importance, l'ancienne Gaule et l'Europe en général étant secondaire, comparées aux richesses de l'Inde et de la Chine.

Ambiza succède à Al-Samah.

Carcassonne et Nîmes sont prises (en 725), puis les Sarrasins commencent à remonter le Rhône. Les Arabes pénètrent à Avignon et arrivent aux portes de Lyon. Ambiza trouve la mort à son tour.

Ils traversent la Bourgogne où ils assiègent Autun le 22 août 725, et pillent Luxeuil.

Avec l'aide de Mauronte (en 735), duc de Marseille, Arles est conquise. Il est difficile d'apprécier l'importance du peuplement musulman au nord des Pyrénées.

Les Musulmans se sont-ils établis comme en Andalus, avec un véritable projet de peuplement ou bien leur présence, c'est-elle limitée au stationnement de contingents militaires dans les principales villes ?

L'historien Paul Diacre (VIIIe siècle), indique que les Sarrasins « ont pénétré dans la province Aquitaine de Gaule accompagnés de leurs femmes et de leurs enfants, comme pour l'habiter », mais les villes prises n'ont été occupées que quelques années et leurs environs ne semblent pas avoir connu de foyer de peuplement majeur.

D'autre part, il n'existe aucun vestige archéologique de présence musulmane durable et significative à Narbonne, ni dans les environs, en dépit d'une discussion sur la présence éventuelle d'une mosquée dans un atrium de la ville, ce qui serait un endroit singulier.

Toutefois, les historiens sont partagés sur le but réel de cette avancée en territoire franc. Colonie de peuplement ou simple razzia hors d'Espagne ?

Les raids, les pillages d'églises et de monastères pourraient laisser penser à une entreprise de pillage sans aucun but que celui d'amasser le maximum de richesses. Mais, d'un autre point de vue, cette technique de harcèlement permettait d'affaiblir une région en vue de la conquérir plus facilement par la suite.

Après la défaite de la Berre, la garnison arabe de Narbonne subsiste à l'abri des importants ouvrages défensifs de la ville, mais son rôle de relais pour les expéditions et razzias n'est plus significatif.

En 759, à l'arrivée de Pépin le Bref dans la région, les habitants se soulèvent et les derniers Mauresques évacuent la ville définitivement.

Certainement, la résistance de la région de Narbonne et la bataille de Berre ont porté le coup d'arrêt à l'expansion musulmane en

Europe occidentale, ainsi que le note le géographe arabe Zuhrî, au XIIe siècle, à propos de sa visite de la ville.

On y trouvait la statue sur laquelle était inscrit : « Demi-tour, enfants d'Ismaël, ici est votre terme !. Si vous me demandez pourquoi, je vous dirai ceci : si vous faites demi-tour, vous vous battrez les uns, les autres jusqu'au jour de la Résurrection ».

C'est entre Tours et Poitiers que se livra la bataille que l'historiographie officielle monta en épingle. Les Francs remportèrent la victoire et firent de cette victoire, qui n'avait rien de décisif, la poursuite des incursions sarrasines dans le Midi de la France, pendant encore des siècles à le prouver amplement. Un outil des propagandes pour la monarchie franque. Quoi qu'il en soit, Abd-re-Rahman avait été tué, et les Arabes s'étaient sauvés vers la Sud. Charles, satisfait de les avoir empêché de traverser la Loire, rentra dans ses États, et joignit à son nom cette terrible épithète de Marteau, parce que :
« comme il martiaus débrise et froisse le fer et l'acier, et tous les autres métaux, aussi froissoit-il et brisoit-il, par la bataille, tous les ennemis et toutes autres nations ».
Mais en fuyant les sarrasins dévastèrent la Marche, le Limousin, et revinrent à Narbonne. Abdel-Malek, successeur d'Abd-re-Raham, résolut de reprendre l'offensive :
« Tel qui fut vaincu hier, disait-il aux Arabes consternés, triomphe aujourd'hui »
Il attaqua les chrétiens du nord de l'Espagne, puis il rétablit la domination des Arabes dans la Septimanie et la Provence, secondé par quelques comtes goths avides de pouvoir. Il prit Arles et Avignon, et s'il n'eût éprouvé une défaite dans la Cantarbrie, les sarrasins seraient redevenus aussi redoutables qu'avant leur désastre de 732.

Cependant, ils prirent Valence, Vienne, Lyon, et attaquèrent la Bourgogne et le Piémont.

Enfin en 735, Charles Martel, allié avec Luitprand, roi des Lombards, envoya une armée contre eux. Childebrand son frère, qui la commandait, battit les Arabes, les chassa devant lui, et prit Avignon.

Luitprand et Charles Martel marchèrent sur Narbonne, battirent les Arabes sur les bords de la Berre. Mais, ne pouvant prendre Narbonne, il résolut de détruire les fortifications de toutes les villes de la Septimanie, afin de ne laisser aux Sarrasins d'autre place que Narbonne. Ce fut alors, qu'on brûla les arènes de Nîmes.

En 739, Charles Martel revint en Languedoc, fit occuper Marseille, et les sarrasins de Narbonne n'osèrent plus s'avancer au de là du Rhône. De plus, les guerres civiles qui eurent lieu à cette époque entre les Arabes d'Espagne et d'Afrique, donnèrent aux chrétiens d'Espagne et de la Septimanie de nouvelles forces, et lorsque en 752, Pépin le Bref (fils de Charles Martel) vint attaquer Narbonne, une armée assez faible la bloqua et la força de se rendre en 759.
Ainsi, la France était provisoirement délivrée de la présence des sarrasins.
Ce ne fut qu'en 792, que le calife de Cordoue, Hescham, résolut de reprendre la Septimanie, en levant une armée pour pénétrer en France.

En 793 Charlemagne (petit fils de Charles Martel), étant occupé à faire la guerre contre les Avars, que les sarrasins passèrent les Pyrénées et se dirigèrent sur Narbonne, impatients de reconquérir un boulevard où ils s'étaient maintenus si longtemps. Guillaume, comte de Toulouse, marcha à leur rencontre, mais les Francs furent vaincus à Villedaigne, entre Narbonne et Carcassonne.

Cependant, les Arabes ne purent s'emparer de Narbonne.

Cette invasion détermina Charlemagne à les attaquer, et, dans ces guerres dont nous ne parlerons pas ici, les provinces entre l'Èbre et les Pyrénées tombèrent au pouvoir des Francs. Charlemagne assura ainsi ses limites au midi.
Toutefois, les pirates arabes d'Afrique, qui depuis longtemps infestaient la Méditerranée, commencèrent à ravager les Côtes de l'empire de Charlemagne. Déjà, entre 728 et 739, ils avaient pillé le monastère de Lérins. Mais, à partir de cette époque, leurs invasions en France, devinrent plus redoutables.
La Corse, la Sardaigne, les îles Baléares, furent dévastées, en 806, 808, 809, 813.

Charlemagne fit établir des forts au lieu de débarquement, et des flottes pour repousser les ennemis. Tant qu'il vécut ces moyens et la terreur de son nom suffirent pour préserver les côtes de ses États.
Après sa mort, les sarrasins recommencèrent leurs courses.
En 820, la Sardaigne fut ravagée.
Vers 838, Marseille, fut livrée au pillage.
La mort de Louis, le Débonnaire, et les guerres qui eurent lieu, entre ses enfants, laissèrent aux sarrasins le champ libre. Aussi les embouchures du Rhône, puis Marseille en 848, furent-elles dévastées. Une armée partit d'Espagne s'avança en France, et ne se retira que comblée de présents par Charles le Chauve.
En 869, les pirates sarrasins firent une nouvelle invasion de la Camargue. En 889, ils s'établirent sur les côtes de Provence, à Fraxi, et, dans le golfe de Saint-Tropez, et de ce point, leurs ravages s'étendirent dans toute la vallée du Rhône, et jusqu'aux frontières de l'Allemagne.
En 906, les sarrasins sortirent de ce repaire, et ravagèrent le Dauphiné et la vallée de Suse. En 908, des pirates africains saccagèrent les

environs d'Aigues-Mortes. En 920, les Arabes d'Espagne passèrent les Pyrénées, et poussèrent jusqu'aux portes de Toulouse.

Pendant ce temps, les environs de Fraxinet se trouvaient entièrement dévastés. Marseille, Aix, Sisteron, Gap, Embrun, furent successivement pillées. La Savoie, le Piémont et la Suisse, n'étaient pas, malgré les Alpes, à l'abri des attaques des sarrasins.

En 940, Fréjus et Toulon furent prises. Toute la contrée fut dépeuplée. Le mal devint tel, que Hugues, comte de Provence, fit alliance avec l'empereur grec pour prendre Fraxinet.

En 942, Hugues et les Grecs s'emparèrent, en effet, de ce port si important. Mais Hugues apprenant que l'Italie, qu'il convoitait, allait passer à son rival Bérenger, fit alliance avec les Arabes et leur rendit Fraxinet pour pouvoir disposer de ses forces contre son adversaire.

Dès lors, la puissance des sarrasins alla toujours croissant. Il n'entre pas dans notre sujet de parler ici de leurs invasions en Italie.

Contentons-nous de dire, qu'ils vinrent cent jusque sous les murs de Grenoble, dont ils se rendirent maître.

Une victoire de Conrad, en 952, fit chanceler leur puissance.

En 960, on leur enleva le mont Saint-Bernard, et les communications entre l'Italie et l'Allemagne, et la France, furent rétablies.

En 965, ils furent chassés du diocèse de Grenoble, puis postérieurement à 972, de Sisteron et de Gap.

De toutes part, les seigneurs féodaux, secondés par le peuple et excités par le clergé, se soulevaient contre les envahisseurs.

Enfin, vint le moment de la délivrance, Guillaume, comte de Provence, appela à lui tous les guerriers de la Provence, du bas Dauphiné et du comté de Nice, et résolut de prendre Fraxinet. D'abord, les sarrasins furent vaincus à Trourtour près de Draguignan, puis malgré leur résistance, obligés de fuir de Fraxinet. C'est vers 975 que la France, fut enfin délivrée de ces terribles incursions. Ceux qui ne furent pas tués, devinrent serfs et se fondirent peu à peu dans la population.

Il fallut bien que les Arabes se résignassent à regarder la France, comme étant à l'abri de leurs atteintes. Ils s'en consolèrent en disant que :
« Les Français, étant exclus d'avance du paradis, Dieu, avait voulu les dédommager en ce monde par le don de pays riches et fertiles, où le figuier, le châtaignier et le pistachier étaient leurs fruits savoureux ».

Il y eut bien encore depuis cette époque des attaques partielles. En 1019, contre Narbonne, en 1047, contre Lérins, etc...

Mais ces attaques tiennent moins à l'histoire des invasions sarrasines proprement dites qu'à celle de la piraterie des Barbaresques, qui allait durer jusqu'au début du XIXe siècle, elle furent pour la France, l'un des motifs de la prise d'Alger en 1830.

L'ÉMIRAT DE CORDOUE

En 750, le calife Omeyyade s'éteint avec la défaite de la bataille du Grand Zab, et toute la famille est assassinée par les Abbassides, hormis Abd al-Rahman Ier. Après avoir franchi la Palestine, l'Égypte puis l'Afrique du Nord, avec sans cesse la volonté d'arracher une terre où il peut gouverner, le dernier héritier Omeyyade comprend, qu'il lui est impossible d'affirmer son autorité au milieu de ces vastes étendues composées d'une grande multitude de populations et de tribus.

Finalement, après maintes péripéties, il réalise que son unique issue serait d'atteindre la péninsule ibérique où la famille Omeyyade compte encore beaucoup de partisans.

Au mois de juin 754, Badr un homme de confiance d'Abd Al-Rahman franchit le détroit de Gibraltar, avec dans ses mains une lettre indiquant la volonté de ce dernier, d'accéder au trône si la population andalouse l'accepte. La lettre est favorablement acceptée au sein de la noblesse andalouse qui y donne un avis positif, mais préfère demander toutefois la permission du gouverneur, Yusuf al-Fikri et de son subordonné Al-Sumayl. Les deux hommes se disputent immédiatement à propos de cette lettre, Yusuf un homme faible de caractère, accepte la proposition d'Abd Al-Rahman, mais ce n'est pas le cas d'Al-Sumayl, qui décide de prendre les armes. Les envoyés d'Abd Al-Rahman, décident de se tourner vers les Arabes d'origine yéménite adversaires d'Al-Sumayl.

Fort du soutien de deux tribus arabes et doté d'une somme confortable Badr achète un bateau qui part immédiatement vers l'Afrique où l'attend le descendant Omeyyade qui embarque pour Almunécar (Al-Munakab), dans la province de Grenade à l'est de Malaga.

Pendant un moment, Abd al-Rahman se laissa conseiller par ses partisans, conscients des risques de son entreprise.

Yusuf, proposa à Abd al-Rahman une de ses filles en mariage ainsi que des terres.

Ceci représentait moins, que ce qu'il espérait obtenir, mais il se serait résigné à s'en contenter si l'insolence d'un des messagers de Yusuf, un renégat espagnol, n'avait pas outré Obeidullah, un des chefs loyaux aux Omeyyades. Il se gaussa de l'incapacité d'Obeidullah à bien écrire l'Arabe. En réponse à la provocation, Odeidullah dégaina son épée.

Désormais appuyé par les Kalbites, en 756, Abd al-Rahman mena une campagne, dans la vallée du Guadalquivir qui se termina le 16 mai par la déroute de Yusuf et sa fuite de Cordoue. Les troupes d'Abd al-Rahman étaient faibles. Abd al-Rahman aurait été le seul à disposer d'un bon cheval de guerre, mais ayant lui-même, une mère berbère issu d'une tribu originaire du Maroc actuel, de la tribu dite Nafza plus exactement, il s'intègre facilement et arrive à enrôler de nombreux soldats arabes et berbères, au sein de son armée. N'ayant pas de bannière, ils en improvisèrent une avec un turban et une lance. Ce signe devait devenir le symbole des Omeyyades d'Espagne.

En juillet, Abd al-Rahman officialisa son alliance avec les Kalbites. Un mois plus tard, il devint mâlik (roi), et émir d'al-Andalus marquant ainsi la scission avec les Abbassides d'Irak et faisant de son pays la première région à se détacher du califat de Bagdad, ce qui ne manque pas d'inquiéter ces derniers qui craignent que d'autres gouverneurs prennent exemple sur Abd al-Rahman pour proclamer leur indépendance.

Le long règne d'Abd al-Rahman fut principalement marqué par de nombreuses mises à l'ordre des Arabes et des Berbères pour les rallier sous un même mandat.

Il mate une rébellion (en 759), fomentée par l'ancien Émir qui se termina par l'exécution de ce dernier.

Il doit affronter (en 763) dans sa propre ville des partisans à la solde des Abbassides. Cette révolte menée par un certain Al-Ala Mughit Al-Yahsubi, qui lève étendard noir (ce n'est pas nouveau) des Abbassides prennent rapidement de l'ampleur, après une vigoureuse attaque, Abd-al Rahman parvient à les vaincre et fait couper, saler et tremper dans la naphtaline la tête des meneurs, avant de les faire envoyer au califat d'Orient en guise d'avertissement.

En 777, Ibn Arabi, gouverneur de Saragosse désireux de prendre son indépendance traverse les Pyrénées et demande l'aide du roi Franc Charlemagne et, dès 778 une grande armée se met en route vers la Catalogne. La menace par Abd al-Rahman était de taille. Mais, une révolte des Saxons au nord, qui sont parvenus au Rhin et menaçaient, Cologne obligea Charlemagne à retirer son armée.

C'est durant le voyage du retour que Charlemagne et ses hommes sont attaqués, à Roncevaux par les Vascons et où Roland, héros d'une des plus célèbres chansons de geste, et Duc de la marche de Bretagne, meurt.

SUCCESSEUR Abd al - RAHMAN

Dans ses dernières années, Abd al-Rahman dut également déjouer et réprimer brutalement une succession de complots dans son Palais, permettant de poser solidement les bases de la dynastie qui assura le contrôle de l'Espagne aux Omeyyades jusqu'en 1031. Il fit également construire la mosquée de Cordoue qui fut achevée peu avant sa mort.

Le génie d'Abd al-Rahman est certainement d'avoir posé les bases d'un nouvel état inspiré du modèle de Damas, chose que ses prédécesseurs n'avaient pas pensé à faire. Se plaçant comme émir ou roi (malik), jamais Abd al-Rahman ni ses descendants jusqu'à Abd al-Rahman III n'oseront prendre le titre de calife (khalifat Al-Rasul). L' émir gouverne le pays, et nomme les chefs des armées, les juges et les hauts-fonctionnaires.

Durant la fin de sa vie, il s'attellera à construire à Cordoue une mosquée que ses descendants agrandiront et amélioreront sans cesse. Il divise le pays en province avec à leur tête un Wali et la province la plus importante étant celle de Cordoue.

À la fin de sa vie Abd Al-Rahman décide de mener une enquête discrète pour déterminer qui de ses deux fils, Suleiman ou Hicham, pourra gouverner le pays. Blond aux yeux bleus né après l'arrivée de son père dans la péninsule, Hicham est un homme pieux et cultivé qui s'entoure de savants et de poètes contrairement à son frère Suleiman qui préfère les plaisirs mondains.

À la mort de leur père, c'est donc son fils Hicham Ier, alors âgé de 30 ans, qui monte sur le trône. Furieux, son frère Suleiman décide de prendre les armes et parts de Tolède. La bataille entre les deux frères a lieu à

Jaén où Suleiman est battu, il sera chassé du pays et expulsé vers l'Afrique du Nord, où on n'entendra plus parler de lui.

Hicham Ier, poursuivra l'œuvre de son père, et mis à part des révoltes mineures dans la région de Tortosa et Saragosse le règne du nouveau calife est paisible. Il se caractérise par sa piété, s'habillant d'une extrême simplicité.

Il parcourait les rues de Cordoue afin de rendre visite aux pauvres et aux malades, distribuant la monnaie aux voyageurs et demandait à son peuple de faire de même. La période de stabilité que connaît le pays permet à Hicham de lancer des attaques contre les royaumes chrétiens qui menaçaient les frontières de l'émirat. Il attaque Castille en 791, et les Asturies en 793. Il expulse les Francs de Gérone et de Narbonne en 795, il s'empare d'Astorga dans les Asturies.

À la même époque vivait de l'autre côté du monde musulman, à Médine le juriste et fondateur de l'école qui porte son nom l'imam Mâlik ibn Anas. Lorsqu'on rapporte à ce dernier, le comportement de l'émir Omeyyade Hicham, il ne tarit pas d'éloges envers ce dirigeant, voyant en lui l'idéal du gouverneur musulman face aux Abbassides qu'il considère comme des usurpateurs.

Bien que, cela puisse paraître secondaire, de cette union entre les deux hommes va naître une lignée de juristes dont l'Espagne a grandement besoin.

Hicham encourage vivement les échanges avec l'imam Mâlik et le malikisme deviennent la branche officielle de l'islam sunnite d'Al-Andalus. Au moment de la mort d'Hicham, d'illustres juristes comme le Berbère Yahiya, un des plus brillants élèves de l'imam Mâlik, enseignent le droit en Espagne.

Hicham 1er, meurt à l'âge de trente-neuf ans (en 796), et c'est son fils Al-Hakam qui est choisi. Son règne est marqué par une flambée de violence intérieure et extérieure.

L'année de son arrivée au pouvoir, Alphonse II des Asturies, un oncle de Hakam ainsi que le gouverneur de Barcelone rencontrent Charlemagne et lui proposent une action au-delà des Pyrénées.

Se souvenir du terrible échec qu'il avait subi au temps d'Abd Al-Rahman Ier, Charlemagne hésite, mais finalement en 798, son fils Louis le Pieux décide d'entreprendre une guerre en Andalus.

En 801, Charlemagne créée la Marche franque de Barcelone, qui défend son empire et commence réellement la Reconquista.

Inquiets des contacts directs de Charlemagne avec Bagdad, l'émir Al-Hakam, se résigne à cette situation et accepte de signer avec l'empereur franc des traités entérinant la frontière sur l'Èbre entre 810 et 812.

Moins de cinq ans, après son arrivée sur le trône, Al-Hakam assiste donc impuissant à la perte de Barcelone trop occupé à mater les rébellions internes, comme avec les Banu Qasi, qui dominaient la vallée de l'Èbre, mais aussi avec des bandits berbères, habitant les montagnes et ne descendant que pour piller les villages des alentours. L'armée d'Al-Hakam, incapable de les arrêter, car encore trop nombreuse, était constituée de nombreux mamelouks (soldats esclaves), éléments chrétiens et notamment slaves, regroupés sous le nom générique d'Esclavons, dont Al-Hakam en fait sa garde personnelle.

De plus, des groupes religieux qui se permettaient de donner leurs avis, et mêmes de critiquer le nouveau sultan Al-Hakam Ier, qu'ils ne considéraient pas assez pieux, se forment, en une véritable caste au sein de l'État. Ils comploteront, même contre leur dirigeant en souhaitant de le remplacer par son cousin Ibn-Châmmas mais, ce dernier fidèle au sultan, l'avertit du complot et une partie des meneurs sont exécutés.

Al-Hakam, qui durant sa jeunesse était connu pour sa gaieté et son souhait de continuer sur la voie tracée par son père se transforme, au fil des révoltes en personnage aigri, déçu par le comportement de ses sujets, dont il n'hésitera pas à décapiter les éléments les plus turbulents. Afin de pallier son manque de soldats, Al-Hakam s'engage dans la voie de la terreur.

Dans le même temps Al-Hakam, jouera l'apaisement en donnant aux villes en majorité espagnoles, des gouverneurs issus de leur peuple, comme Amrous gouverneur de Tolède.

Malgré tout, les notables de la ville trahiront l'émir. La réaction est immédiate, Al-Hakam envoie son fils Abd-Al-Rahman exécuter les meneurs lors de la journée appelée Journée de la Fosse, la terreur de ce massacre, calme toutes les rébellions dans le pays durant une décennie.

Le calme n'est toutefois, qu'apparent, car dans le secret les comploteurs continuent à vouloir la chute du sultan. Le nom d'Al-Hakam est insulté dans les rues et les mosquées de Cordoue, en réponse celui-ci n'hésite pas à exécuter les meneurs et à engager de plus en plus de soldats africains qu'on dénommait les muets, car ils ne connaissaient pas la langue arabe et donc étaient d'autant plus redoutables. Toutes ces mesures au lieu d'effrayer la population, la rendent de plus en plus rebelle.

Le pays est au bord de la guerre civile, et la tension atteint son paroxysme au mois de mai 814, lorsqu'un des soldats du sultan assassine un artisan de Cordoue, qui ne voulait pas lui obéir, spontanément une foule en colère se regroupe autour du palais.

Le sultan et ses hommes prennent conscience qu'ils n'ont aucune chance face, à la population et tout le monde s'apprête à être tué dans la journée.

Al-Hakam demande même d'assassiner immédiatement les prisonniers qui avaient mené les révoltes précédentes, afin qu'ils ne lui survivent pas.

Avant de s'avouer vaincu, Al-Hakam, décide de lancer une offensive de la dernière chance. Elle consiste à envoyer quelques cavaliers qui doivent se frayer un chemin dans la foule et atteindre les faubourgs de la ville, afin d'incendier les maisons qui s'y trouvent, le but de l'opération est d'affoler la population qui en voyant ses demeures en feu, abandonnera les armes pour aller éteindre les incendies.

C'est à Obeid-Allah, qu'incombe la tâche qu'il accomplit avec succès, il brûle les biens de la population qui rompt les rangs et ainsi desserre l'étau qui pèse sur Al-Hakam et son palais. L'armée du sultan sort et massacre une partie des protestataires.

Les autres, se divisent en deux groupes, le premier composé d'environ 10 000 personnes et dirigé par Abu Hafs Omar ibn Suab, partent pour l'Égypte, puis l'île de Crête, où ils fondent leur propre dynastie. Le second groupe composé de 8 000 familles, s'installe en Afrique et plus précisément à Fès, où le prince Idris Ier les accueille dans sa nouvelle capitale.

Le sultan sort victorieux à l'issue de cette journée qu'on appelle la journée de la Révolte du Faubourg. Les religieux qui ont mené la révolte sont, quant à eux, pour la plupart, graciés, mais contraints à l'exil bien que le sultan croie fermement être dans son bon droit, s'il condamne à mort les meneurs de la révolte.

Le règne d'Al-Hakam consolide énormément le pouvoir de l'émir, et laisse à son fils Abd al-Rahman II, un état pacifié et stable, qui permet à ce dernier d'initier la civilisation andalouse.

Lui-même n'étant pas étranger aux arts, il invite à Cordoue le poète Ziriab, qui introduit en Al-Andalous de nombreuses pratiques orientales, dans les domaines des arts, des sciences et des cultures.

ABD AL-RAHMAN II l'âge d'or

Né à Tolède, Abd Al-Rahman II, monte sur le trône à l'âge de trente ans. Réservé et de caractère facile, il sort peu de son palais, excepté, pour la chasse. Son accession au trône, est d'autant plus acceptée qu'il allège les impôts, punît les hauts-fonctionnaires corrompus et lance un sérieux avertissement aux gouverneurs désireux de prendre leur indépendance, que leur punition serait exemplaire.

La population satisfaite du sentiment de justice ne se révoltera quasiment pas, hormis un soulèvement mineur à Tolède.

Pieux, il aime aussi les arts et les sciences, et se donne pour objectif de faire venir de Bagdad des artistes de la cour Abbasside comme Ziriab, amenant son pays au premier rang européen en la matière.

De nombreux Chrétiens se hissent à des rangs importants dans la société et fournissent des fonctionnaires très compétents. S'assimilant rapidement et impressionnés par le raffinement andalou, les Chrétiens se mettent à utiliser exclusivement la langue arabe tandis que l'usage du latin se perd, ce qui ne manque pas de causer une amertume au sein de l'Église : « Mes coreligionnaires, dit-il, aiment à lire les poèmes et les romans des Arabes. Ils étudient les écrits des théologiens et des philosophes musulmans, non pour réfuter, mais pour se former une diction arabe correcte et élégante.

Où trouver aujourd'hui un laïque qui lit les commentaires latins sur les Saintes Écritures. Qui d'entre eux étudie les Évangiles, les prophètes, les apôtres ?, Hélas. Tous les jeunes Chrétiens qui se font remarquer par leurs talents, ne connaissent que la langue et la littérature arabe. Ils lisent et étudient avec la plus grande ardeur les livres arabes. Ils s'en forment à grands frais d'immenses bibliothèques, et proclament partout que cette littérature est admirable.

Parlez-leur, au contraire, de livres chrétiens. Ils vous répondent avec mépris que ces livres-là, sont indignes de leur attention.

« Quelle douleur ! Les Chrétiens ont oublié jusqu'à leur langue, et sur mille d'entre nous, vous en trouverez à peine un seul qui sache écrire convenablement une lettre latine à un ami. Mais, s'il s'agit d'écrire en arabe, vous trouverez une foule de personnes qui s'expriment dans cette langue avec la plus grande élégance, et vous verrez qu'elles composent des poèmes, préférables, sous le point de vue de l'art, à ceux des Arabes eux-mêmes ».

Cette amertume se transforme au sein de certains hommes d'Église en propagande mensongère afin de placer l'islam au même niveau qu'une religion païenne. La haine, que ressentent les prêtres n'est pas envers l'islam, dont ils ne connaissent que peu de choses, bien qu'ils vivent en permanence avec des musulmans, mais plutôt envers les Arabes, et surtout le peuple qui les brimait continuellement, eux qui à peine un siècle plus tôt formaient l'élite du pays du temps des rois wisigoths.

Le sentiment d'agression que ressentaient les Chrétiens dans leur culture était d'autant plus fort qu'un certain engouement pour l'Orient Abbasside et sa culture s'emparait du pays, l'Andalousie tourne définitivement le dos à sa culture latine et wisigothe pour s'ouvrir à la pensée irakienne. Abd Al-Rahman II quant à lui, est à la tête d'un pays riche et puissant. Lui-même est un monarque absolu dont le pouvoir est quasiment total sur l'Andalousie, hormis en ce qui concerne les questions religieuses qui étaient toujours sous l'autorité du grand cadi et du mufti.

Les longues luttes entre les différents éléments de la société se sont apaisées et les gouverneurs autrefois, si prompts à désobéir à l'émir sont surveillés de près.

On y cultive pour la première fois, l'asperge importée d'Orient, la culture oléicole est intense, les nouveaux systèmes d'irrigation permettent la fertilisation artificielle des terres totalement inexploitables jusque-là, la culture en terrasse fait son apparition. Les bonnes années, il était possible d'obtenir trois ou quatre récoltes par an.

Abd Al-Rahman, continue à réorganiser l'armée en suivant l'exemple de ses ancêtres. Aux groupes indisciplinés issus des différentes tribus auxquelles ils continuaient à obéir, il préfère des soldats de métier aux ordres d'un gouvernement central. Il achète de nombreux esclaves à l'étranger et surtout en Europe afin de les former aux métiers des armes, en échange de généreuses rétributions, il exigeait de ces soldats un dévouement total. Les principaux fournisseurs en esclaves étaient les Vikings.

De partenaires commerciaux, ces hommes du Nord, deviennent la plus grande menace à laquelle doit faire face Abd Al-Rahman II.

Après avoir ravagé Nantes en 883 et Bordeaux, les drakkars vikings s'abattent sur Al-Andalus en longeant les côtes. Arrivés à Séville, ils pillent la ville durant sept jours, tuent les hommes et capturent les femmes.
Informé de la situation Abd Al-Rahman, envoie une importante armée qui stoppe les Vikings et les oblige à quitter l'Andalousie. Immédiatement, l'émir lance un plan de construction d'un réseau de tours, de guets et de forteresse le long des côtes, et met aussi en place une véritable flotte de guerre. Le résultat répond aux attentes. Quelques années plus tard, un nouveau raid viking se solde par un échec. Toujours opérationnelles un siècle après sa mort, les défenses construites par Abd Al-Rahman II empêcheront les Vikings de débarquer en Andalousie malgré leurs tentatives désespérées d'y mettre un pied.

La fin de son règne est troublée par les intrigues à propos de sa succession. Il avait eu quarante-cinq fils, et les deux factions principales soutenaient respectivement Muhammad le fils aîné, et Abd-Allah le fils de Tarub, la favorite de l'émir. Les conflits allèrent jusqu'à une tentative d'empoisonnement de l'émir. Finalement en 852 à la mort d'Abd Al-Rahman II, ce fut le fils Muhammad qui lui succéda.

Muhammad Ier fut intronisé le soir même de la mort de son père, le nouveau sultan ne ressemble pas à son père. D'une personnalité froide, il est, comme le craignaient les eunuques lors de son élection, un personnage plutôt intolérant envers ses sujets chrétiens. Il ordonnera la destruction de plusieurs églises. Le nouvel émir doit rapidement faire face à une insurrection.

Les royaumes chrétiens du nord de la péninsule, apprenant la nouvelle de la mort d'Abd Al-Rahman II, décident de prendre les armes à Tolède. Muhammad, sentant que la menace est aux portes de la capitale, envoie toute son armée afin de mater la rébellion. Les Chrétiens, avec à leur tête, le comte Gatón de Bierzo, aidé par le roi Ordono Ier d'Oveido, préparent aussi leur armée qui se retranche dans Tolède.

Muhammad, comprenant qu'il ne peut prendre la ville par la force, décide de la prendre par la ruse. Il ordonne à une partie de ses hommes de se cacher derrière les rochers et avec une faible troupe, il s'avance lui-même, devant les remparts de la cité. Les Tolédans, étonnés par l'audace et ne se doutant de rien, tentent une sortie menée par Gatón qui décide de poursuivre Muhammad et ses hommes qui simulent la fuite. Arrivés auprès de son armée qui est restée cachée, l'émir ordonne le massacre de Gatón et de ses huit mille hommes qui sont cernés de toutes part par les troupes musulmanes.

Malgré le fait qu'il n'ait pu reprendre Tolède, Muhammad est satisfait, car Cordoue n'est plus menacée, mais ce n'est pas pour autant que les harcèlements envers les Chrétiens de Cordoue cessent dans la mesure où le sultan augmente l'impôt dont ils doivent s'acquitter. Les Tolédans défaits se précipitent à Cordoue pour demander la clémence de l'émir qui la leur accorde, mais dix ans plus tard, ils se révoltent à nouveau.

Le règne de Muhammad est aussi marqué par la révolte des populations wisigothes converties récemment à l'islam, où muwallad. Beaucoup considèrent que l'attitude de la noblesse arabe à leur encontre est contraire à l'islam et notamment en termes d'égalité des droits.

À la fin du IXe siècle un dénommé Ibn Marwan, descendant d'une famille de muwallad se révolte contre l'autorité arabe et berbère. Muhammad envoie son fils Al-Mundhir et un de ses ministres dénommé Hâshim. À la suite d'une erreur de stratégie, les hommes du sultan sont massacrés et Hâshim est fait prisonnier, ce qui permet à Ibn Marwan de négocier à son avantage un traité humiliant pour le sultan.

L'accord prévoit qu' Ibn Marwan fonde sa propre ville nommée Badajoz, ayant une large autonomie vis-à-vis du sultan. Cette marque de faiblesse discrédite encore plus le sultan, face à une population de plus en plus insoumise.

La guerre menée par Ibn Marwan ou par les autres muwalladun permet paradoxalement d'unifier le pays et d' accélérer le processus de conversion parmi les Latins, car cette lutte n'était nullement un rejet de l'islam, ni même de l'autorité de l'émir, mais uniquement une demande de reconnaissance de la composante wisigothe au sein de la population andalouse. Ibn Marwan, comme de nombreux nobles wisigoths musulmans deviennent même des personnages clefs dans la défense du pays face aux invasions chrétiennes. Ainsi, en 875 la fondation de Badajoz dans l'actuelle Estrémadure, permet à cette région faiblement peuplée de devenir un point stratégique pour les émirs andalous.

La dernière grande révolte, à laquelle le sultan sera confronté est celle d'Omar Ben Hafsun, un descendant de Chrétiens convertis à l'islam. Il s'établira dans sa forteresse de Bobastro d'où, il attaque la campagne environnante. Voyant, qu'il est dans son intérêt de se soumettre au sultan, il conclut un pacte et s'engagea même dans l'armée. Il la quitte cependant rapidement et retourne à son état de Brigand.

Omar, survivra au sultan Muhammad, et c'est à son fils Al-Mundhir que revient la tâche de l'arrêter. Le nouveau sultan est plus prudent et plus énergique que son père et en 888, il se lance avec son armée dans la pacification du territoire et décide d'attaquer Bobastro. Omar par une ruse se sauve de cette situation, quant à Mundhir, il meurt durant le siège.

Le nouvel émir désigné est Abd-Allah.
Il a quarante-huit ans, lorsqu'il accède au trône de son frère défunt. Homme de taille moyenne aux yeux bleus et cheveux roux, hérités de sa mère une princesse franque, il est cultivé et pieux. Omar, apprenant la mort de son ennemi, souhaite attaquer le convoi funèbre, mais Abd-Allah ben Muhammad, lui demande de ne pas agir. Au contraire, il lui propose la paix, ce qu'il accepte et se soumet au nouveau sultan. Peu de temps, après il rompt cette alliance de nouveau et se relance dans sa vie de pillage.

Quant à Abd-Allah, son alliance avec les ennemis du pays lui vaut de nombreuses critiques au sein même de la noblesse arabe. Quelques années plus tard, Abd-Allah a l'occasion de vaincre définitivement son adversaire au pied de la forteresse de Polei.

Disposant d'une armée de quatorze mille hommes, nettement moins nombreuse que celle d'Omar qui en avait deux fois plus, Abd-Allah joue l'avenir de la dynastie Omeyyade, car il est bien conscient qu'une défaite face à Omar lui serait fatale.

La bataille qui au départ semble confuse au sein du clan Omeyyade finit par tourner à leur avantage et Omar ainsi que ce qui reste de son armée prend la fuite. Omar connaîtra encore quelques succès par la suite, mais sa conversion au christianisme et sa défaite face à Abd-Allah, lui sont désastreuses.

Il perd de nombreux éléments berbères de son armée et le soutien d'autres chefs rebelles musulmans et finit par mourir de maladie en 917.

Durant la fin du règne d'Abd-Allah, le pouvoir du sultan est minime. Le règne d'Abd-Allah est marqué par les rivalités ethniques et de nombreuses révoltes qui l'obligent à se montrer intransigeant, mais étant trop faible son autorité baisse au fil des années. Ainsi, le gouverneur arabe de Séville Ibrahim Banu Hadjabj prend le titre de roi et son indépendance, qu'Abd-Allah est contraint de reconnaître bien qu'à la fin de sa vie, il se soit de nouveau soumis à l'autorité de l'émir. Cela permet à Abd-Allah de reprendre de la vigueur et dès lors, les dernières années de son règne, connurent presque toutes des batailles. Victorieuses.

En 903, son armée prit Jaén, en 905, elle gagna la bataille du Guadalbollon sur Ibn-Hafçoun et Ibn-Mastana. En 906, elle enlève Cafiete aux Beni-al-Khalî. En 907, elle força Archidona à payer tribut.

En 909, elle arracha Luque à Ibn-Mastana. En 910, elle prit Baëza. Abd-Allah meurt le 15 octobre 912 à l'âge de soixante-huit ans, son successeur est son petit-fils Abd al-Rahman III.

Orphelin dès sa jeunesse, Abd al-Rahman III, qui est né en 891, est élevé par son aïeul, jusqu'à son accession au trône à l'âge de 22 ans.

Blond aux yeux bleus, il est né d'une mère franque. Intelligent, tolérant et ambitieux son intronisation est bien acceptée et aucune contestation ne se fait entendre. Bien que poursuivant l'œuvre de pacification de son grand-père, il change radicalement de politique et souhaite se montrer plus ferme vis-à-vis des gouverneurs rebelles.

Il s'entoure d'hommes de confiance et contrairement à Abd Allah, qui se satisfait d'un tribut annuel face aux gouverneurs de province dissidents, Abd al-Rahman prévient qu' à présent, en cas de rébellion, il n'hésitera pas à reconquérir les terres perdues et punir durement les meneurs. En contrepartie, il annonce qu'il pardonnerait à toute personne se soumettant à son autorité. Bien qu'en apparence terrifiante cette proposition est plutôt bien accueillie. Les années de guerre durant le règne d'Abd al-Rahman ont épuisé les Andalous, les antagonismes nationaux se sont éteints avec la mort de leurs instigateurs et les nouvelles générations n'aspirent qu'à retrouver la paix.

Depuis, la chute des Omeyyades à Damas, les émirs d'Al-Andalous ont laissé aux Abbassides de Bagdad, le titre de calife, se contentant jusque-là de celui de sultan, d'émir ou de fils des califes.

Mais à présent, Abd al-Rahman souhaite faire changer la situation. Les Abbassides, bien que souverains d'un gigantesque empire, ne dirigeaient pas plus loin que la région autour de Bagdad, les gouverneurs de province s'étant rendus quasiment indépendants vis-à-vis de leur calife.
Plus aucune raison n'empêche les Omeyyades de reprendre la qualification qui était la leur, deux siècles auparavant, d'autant plus qu'avec le titre de calife, Abd al-Rahman est conscient du respect qu'il allait acquérir auprès des peuplades africaines.

C'est chose faite dès le 16 janvier 929 lorsqu'il ordonne qu'on lui attribue le titre de calife, de commandeur des croyants et de défenseur de la foi an-nâcir lidîni'llâh.

Sur le plan intérieur Abd al-Rahman qui à présent se fait appeler calife, est convaincu qu'en octroyant trop de pouvoir envers la noblesse, il encourage leur esprit de révolte.

Par conséquent, Abd al-Rahman concentre tous les pouvoirs depuis 932, il n'a ni hadjib, ni Premier ministre, et tous les postes, qu'il octroie sont attribués à des hommes de basse condition et notamment aux sujets esclavons dont le nombre est multiplié par cinq sous son règne. Cette politique ne manque pas de provoquer la colère des grands du califat.

Il transforme et embellit Cordoue et fixe sa résidence à Madinat al-Zahra, ville créée pour sa favorite Zahra à huit kilomètres de Cordoue. Il entretient de bons rapports avec les Juifs et les Chrétiens. Il a pour conseiller et ami Recemundo, évêque de Cordoue, « Rabbi ben Zaïd ». Le calife prend à cœur de convoquer lui-même les conciles. Son médecin est le Juif séfarade Hasdaï ibn Shaprut, à la fois philosophe et poète, puis diplomate du Calife. Il prend Tolède en 932, après un siège qui a infligé une terrible famine aux habitants. Le califat entre alors dans une période de paix et de prospérité.

À partir de 950, il a autorité sur le Maghreb de Tanger à Alger et se heurte aux attaques des Fatimides. En 955, son envoyé Hasdaï ibn Shaprut obtient un accord de paix avec le roi Ordoño III des Asturies et le duc de Castille.

Pour maintenir son prestige en Méditerranée et adoucir le sort des populations chrétiennes soumises (Roumis pour les Arabes, dérivés de Romaioi, non-officiel et endonymie de l'empire byzantin), l'empereur de Constantinople, Romain Ier envoie bibliothèques, traducteurs, artisans et architectes à Hasdaï ibn Shaprut.

Les sciences, l'art, le commerce, l'agriculture fleurissaient alors, et Cordoue qui possédait trois mille mosquées, trois cent bains publics et vingt-huit faubourgs,comptaient probablement, près d'un million d'habitants, soit une des plus grandes villes du monde avec Constantinople et Bagdad à cette époque.

La capitale andalouse avait une réputation solide jusqu' en Germanie où la religieuse saxonne Hrotsvita de Gandersheim l'appelait « L'ornement du monde ».

Durant son règne, Abd al-Rahman III, fait construire le palais de Madinat al-Zahra, ce qui durera seize ans et absorbera près du tiers du budget de l'État. Ce palais qui deviendra une ville avec ses mosquées, habitations, jardins et commerces sera bâti par les meilleurs ouvriers en provenance de l'Orient et de Byzance, et les marbres en provenance de Carthage. En outre, Abd Al-Rahmam III rénove la grande mosquée de Cordoue, reconstruction du minaret notamment.

Sa cour accueille des intellectuels, des poètes, des musiciens et des artistes juifs, musulmans ou chrétiens. À sa mort en 961, le Califat de Cordoue est à son apogée. De tous les gouverneurs d'Al-Andalus, Abd Al-Rahmam est celui qui a le plus contribué à la puissance du pays.

À son arrivée sur le trône, le pays est divisé, en proie à l'anarchie et aux mains des nobles. Sans cesse victime des attaques et des pillages des rois chrétiens, au nord et menacé au sud par les fatimides, Abd al-Rahmam a su surmonter toutes ces difficultés et donner une puissance jusque-là inégalée à Al-Andalus.

Dix ans avant sa mort soit en 951, le trésor national comptait plus de 20 millions de pièces d'or, soit trois fois plus que ses prédécesseurs et beaucoup de narrateurs arabes n'hésitaient pas à qualifier Abd-al Rahmam, d'homme le plus riche du monde au côté du roi de Mésopotamie. Les rois chrétiens du Nord totalement affaiblis viennent régler leurs querelles à Cordoue, comme Sanche le Gros accompagné de sa grand-mère.

En mer, le califat était tout aussi victorieux en tenant toutes les routes en Méditerranée. Son armée nombreuse et disciplinée tenait tête sur les fronts nord et sud, et tous les souverains souhaitaient obtenir une alliance avec Al-Andalus, et ses pirates pillant les côtes allant jusqu'en Islande amènent les richesses et les esclaves dont le nouveau califat a énormément besoin. En 961, Abd al-Rahmam III meurt en laissant à son successeur un pays pacifié et prospère.

Son successeur et continuateur est Al-Hakam II, né le 13 janvier 915, et mort le 16 octobre 976. Il est le second calife Omeyyade de Cordoue, et le fils d'Abd al-Rahmam III. Il succède au trône à la mort de ce dernier en 961. Il développe l'agriculture en lançant des travaux permettant l'irrigation des terres et favorise l'économie en élargissant les routes et construisant des marchés.

L'Université de Cordoue, attirait des savants de tous les coins du monde.

Al-Hakam II a créé une bibliothèque, symbole de cette culture andalouse, pluraliste, tolérante et universaliste, avec plus de 400 000 volumes, qui comprenaient toutes les branches du savoir.

Elle en avait en annexe un atelier de greffe avec des copistes, miniaturistes et des relieurs, et on connaît les noms des deux copistes les plus importants : Lubna, la secrétaire Al-Hakam II, et Fatima.

Selon des chroniqueurs, dans un seul faubourg de la ville, il pouvait y avoir quelque cent soixante-dix femmes consacrées à la copie des livres, ce qui donne une idée du niveau culturel à laquelle est arrivée la femme andalouse à cette époque. Il avait aussi des agents pour chercher et acheter des livres au Caire, à Bagdad, à Damas et à Alexandrie.

Il subventionnait non seulement les auteurs et les étudiants d'Al-Andalus, mais ceux d'autres pays. Quand il a su qu'Abū al Farağ al-Isfahānī avait commencé son recueil d' anthologie de poésie et chansons arabes Kitab al Aghani (livre des chansons), il lui envoya mille monnaies d'or pour en avoir une copie.

L'Isfahani lui a envoyé un exemplaire spécial, avec la généalogie des Omeyyades, car Al-Hakam II, qui a lu et annoté beaucoup des milliers de livres de sa bibliothèque, était un généalogiste renommé, le plus important qu'il y eût dans cette discipline, qui fit encore aujourd'hui autorité en la matière. Il s'est passé des siècles avant qu'une bibliothèque semblable à la sienne voit le jour en Espagne. Il était l'écrivain et le protecteur des philosophes et des poètes, même les plus polémiques.

Tandis que la gestion des affaires intérieures est laissée à la charge du Berbère Al-Mushafi, c'est au Général Ghâlib qu'incombe la tâche de défendre le pays. Ghâlib mène les batailles et en remporte de nombreuses dont la victoire contre les attaques normandes (966-971), mais aussi contre les Fatimides en Afrique du Nord. La défaite de ces derniers en 974 permet à Al-Hakam II d'étendre son influence sur l'Afrique et de sécuriser les routes commerciales d'Afrique centrale et d'Asie.

Mais, le règne de ce calife, intelligent, sensible et extrêmement pieux, dure à peine 15 ans. Il commet l'erreur de ne pas nommer un successeur formé et efficace. Sentant peut-être sa fin proche, une attaque cérébrale en 975 l'a rendu hémiplégique. Il s'est dépêché de nommer son fils, Hicham II, comme successeur. Ce dernier, étant mineur quand il accède au trône, s'est transformé en une marionnette utilisée par Al-Mansur et ses partisans.

Bien que le successeur d'Al-Hakam II soit Hicham II, c'est un autre personnage qui va prendre le pouvoir, Almanzor. Ibn Âmir Al-Mansûr où Almazor est né à Algésiras vers 937-938. Il est issu du côté paternel d'une famille arabe de juristes. Il est berbère de son côté maternel. Un de ses ancêtres a d'ailleurs participé en 711 à la conquête de l'Espagne sous les ordres de Tariq Ibn Ziyad. Son grand-père maternel a été médecin et vizir.
Il suit donc des études soignées et commence sa carrière comme écrivain public puis aide d'un greffier de justice.

Le 22 février 967, commence réellement son ascension politique. Il est recommandé par son employeur au vizir al-Mushafi pour un poste d'intendant et choisi par Subh, la favorite basque du calife, pour gérer ses biens et ceux d'un garçon que lui a fait al-Hakam II. Soutenu par Subh, Muhammad va rapidement gravir les échelons du pouvoir.

Au bout de dix années, il sera devenu l'homme de confiance du calife. En 973-974, il conduit une mission au Maghreb occidental, ce qui lui permet d'établir des liens avec les populations berbères. En février 976, al-Hakam II, très malade, désigne officiellement son fils Hicham comme successeur. Il n'a qu'une dizaine d'années quand son père meurt le Ier octobre.

Encore allié à al-Mushafi, Muhammad déjoue, immédiatement un complot esclavons, contre Hicham, qu'il fait introniser le 3 octobre. Mais bientôt, de concert avec son beau-père Ghâlib, dont il vient d'épouser la fille Asma, il organise la chute d' al-Mushafi qui est arrêté le 26 mars 978 et devient hâdjib, c'est-à-dire chef du gouvernement.

Il a désormais, les pleins pouvoirs, sauf celui d'être calife à la place du calife. Il parvient ensuite à vaincre les Arabes qui s'étaient rebellés après son coup de force en s'appuyant sur de nouveaux arrivants berbères.

En 981, il se débarrasse de son beau-père à la bataille de San Vicente.

La date de son exploit guerrier, en 977, à sa mort Al-Mansûr mènera une bonne cinquantaine d'expéditions militaires victorieuses au nom d'Allah. (Rien de nouveau sur cette terre).

Il relance la guerre sainte en 980, et est victorieux de son beau-père Ghâlib et des Chrétiens coalisés Ramire III de Léon, Garcia Ier de Castille et Sanche II de Navarre en 981. Il lance des raids contre la Catalogne, Barcelone est détruite en 985, et contre les Asturies en 987, où il prend Saint-Jacques-de-Compostelle, dont le sanctuaire est rasé en 997.

Cette intolérance religieuse, va avoir des conséquences funestes pour le califat de Cordoue.

Les réfugiés emmènent avec eux les connaissances techniques du califat et vont déclencher le rattrapage technologique de l'Occident chrétien. Les anciens états de la marche espagnole, vont se muer en puissances pouvant rivaliser en tout point avec le califat.

Profitant des désordres régnants en Andalousie, ils vont mener la Reconquista. À sa mort en 1002, dans la ville de Madinat-al-Salim (aujourd'hui, Medinaceli), au retour d'une expédition à Calat-en-Nossor, (aujourd'hui, Calatañazor), ses fils Abd-al-Malik et Sanchuelo, lui succèdent jusqu'en 1009, quand commence la guerre civile qui aboutira à la disparition du califat en 1031.

Jusqu'à la mort d'Al-Hakam II, en 976, le califat de Cordoue, fut un état puissant, respecté et craint des royaumes chrétiens. Son fils Hicham II était encore enfant, et le vizir Al-Mansûr prit le pouvoir et le conserva, faisant d'Hicham un prince fantoche. La force de l'État omeyyade reposait sur la cohabitation des différentes ethnies islamiques. Pour asseoir et conserver son pouvoir, Almanzor favorisa les Berbères, au détriment des autres.

Il sut conserver son pouvoir et le transmettre à son fils Abd-el-Malik mais le gouvernement de ce dernier fut secoué par de nombreux complots.
Abd-el-Malik mourut en 1008, laissant le pouvoir à son frère Abd al-Rahmam Sanjul, ou Abderramán Sanchuelo.
Ce dernier persuada le calife Hicham II, de le désigner comme héritier du califat.
Profitant de l'absence de Sanchuelo, parti combattre le roi Alphonse V de León, l'Omeyyade Muhammad II détrôna son cousin le calife Hicham II, et se proclama calife (1009).

Sanchuelo revint en hâte à Cordoue, mais le moral de son armée était au plus bas, et la plupart de ses soldats désertèrent, si bien qu'il fût facilement fait prisonnier à son arrivée à Cordoue et exécuté.

Muhammad se rendit rapidement impopulaire, et une opposition se forma autour d'un autre Omeyyade, Suleyman. Soutenu par les Berbères, il se révolta, chassa Muhammad et devint lui-même calife (1009). Ces luttes incitèrent les Hammudites, une famille possédant Malaga et Algésiras, à marcher sur Cordoue, où ils détrônèrent Suleyman pour se proclamer calife.

Mais, ils ne tardèrent pas à se déchirer entre eux, et perdirent le pouvoir en 1023. Les luttes sont essentiellement entre Berbères, amenés dans le pays par Almazor, et esclavons, amenés par Abd Al-Rahman III.

L'Omeyyade Abd Al-Rahman V, devint alors calife (1023), mais, pour remplir les caisses de l'État qui étaient vides, eut recours à l'impôt, qui pesa lourdement sur la population. Il fut renversé par une autre révolution (1024). Trois autres califes, deux Omeyyades et un Hammudite se succédèrent jusqu'en 1031, date où la bourgeoisie de Cordoue chassa le dernier Omeyyade et abolit le califat.

LES TAÏFAS
(1031 – 1086)

Durant tout le temps de la guerre civile, essentiellement concentrée à Cordoue, le reste de la péninsule est totalement abandonné aux mains de chefs locaux. Au sud, les Berbères et à l'est les Esclavons étaient les principaux dirigeants et enfin quelques nobles arabes qui sont parvenus à se préserver, malgré les règnes d' Abd Al-Rahman III et d'Almanzor. Parmi toutes ces régions, deux villes sortent du lot, c'est Cordoue et Séville, qui avaient à leur tête un collège de notables.

Les hommes les plus puissants de l'époque sont alors les Hammudites qui prétendaient être du parti berbère, mais qui en réalité ne contrôlaient que la ville de Malaga. À Badajoz, Carmona, Moron et Ronda régnaient d'autres chefs berbères. À l'est, on trouve les chefs esclavons dont Khaîran prince d'Almería et Modjéhid prince des Baléares et pirates.

À Cordoue, c'est Ibn Djahwar, un chef Esclavon, qui prend le pouvoir et permet à la ville d'atteindre la stabilité en empêchant les exactions berbères sur la ville. Il se caractérise par sa modestie de caractère et son refus d'acquérir plus de pouvoir que le sénat ne lui avait attribué.

Il s'efforce aussi d'entretenir des relations amicales avec les autres états voisins si bien que la ville se repeuplât et le commerce devint très florissant. Malgré tous les efforts, Cordoue ne parvient pas à atteindre le premier rang, titre raflé par Séville qui devient la ville la plus puissante de la péninsule.

Alors que Cordoue, s'enfonçait dans la guerre civile et les pillages, Séville, proche d'à peine une centaine de kilomètres parvient à se préserver des malheurs de la guerre.

La population de la ville chasse les Berbères et le pouvoir revient au sénat qui nomme un câdi, Abou al-Kasim Mohammed.

Ce dernier, immédiatement riche mais nouvellement hissé comme noble, sait qu'à la moindre erreur de sa part les autres notables de la ville le contesteront.

Il entreprend plusieurs expéditions au sein des royaumes chrétiens du Nord et parvient à conquérir plusieurs forteresses.
Malgré, sa puissance qui lui permet d'attaquer les royaumes voisins, Abou Al-Kasim sait pertinemment qu'il ne pourra jamais faire face à une attaque d'envergure et en 1027 ses doutes se confirment.
Cette année, le calife Hammudite, à la tête d'une principauté berbère ainsi que Mohammed Ibn-Abdallah, un autre chef berbère, assiègent Séville. Effrayés, les Sévillans entrent en négociation avec Yahya et acceptent de le reconnaître comme souverain à condition que ses soldats n'entrent pas dans la ville. Yahaya accepte, mais, demande en échange que les nobles de la ville lui donnent en otage leurs fils, qui seront exécutés à la moindre tromperie.
Cette exigence consterne les notables, Abou al-Kasim Mohammed, propose alors à Yahya de prendre uniquement son fils en otage. Grâce à cet acte, la popularité du câdi augmente, et il peut à présent diriger la ville seul. Il parvient à prendre Béjà, ville ravagée par la guerre entre arabes et rebelles puis par les Berbères.

Le peuple quant à lui était nostalgique de la monarchie et regrettait le califat qui avait assuré la stabilité au pays.

Bien que personne ne connaisse le sort du calife Hicham II, toute l'Andalousie continuait à espérer son retour.

Selon certains, il se serait échappé de sa prison durant le règne de Suleyman et tenta de rejoindre la Mecque, mais durant son voyage des pillards lui prirent toutes ses richesses, puis par la suite, il devint potier et s'installa en Palestine, où il exerça divers petits métiers. Selon d'autres, après plusieurs années à parcourir l'Afrique du Nord et le Moyen-Orient, il revint en Ibérie.

Bien que la probabilité de véracité de ces histoires soit quasiment nulle, le peuple andalou aimait les raconter et espérait son retour.

Un homme du peuple, appelé Khalaf Calatrava et, ayant une forte ressemblance avec l'ex-calife tente d'utiliser cette histoire pour sortir de sa misère. Il se fait passer pour Hicham II et très rapidement, il parvient à constituer un groupe d'hommes prêts à le croire.

Il tente d'attaquer Tolède et malgré un terrible échec, son nom se fait connaître dans tout le pays et surtout à Séville ou le câdi comprend tout de suite l'intérêt à faire venir cet homme afin de chasser les Berbères, peu importe qu'il soit le vrai calife ou un usurpateur.

Il invite Khalaf et annonce immédiatement aux autres princes le retour du calife et leur exige qu'on le reconnaisse comme souverain. Le succès est au rendez-vous et, hormis les Berbères de tout le pays, les princes, y compris les esclavons, reconnaissaient l'autorité du calife. Finalement en novembre 1035, Khalaf ou Hicham III, comme il se faisait appeler est couronné. Yahya le chef du parti berbère décide d'attaquer Séville en guise de vengeance, mais trahi par ses hommes, il est tué au cours d'une attaque nocturne menée par le fils du cadi de Séville.

La nouvelle de la mort de Yahaya est accueillie avec une grande joie à Séville et à Cordoue où le câdi souhaite à présent s'installer auprès du faux calife Hicham II, mais ce dernier ayant été démasqué par les Cordouans, il fut détrôné.

Dans chaque taïfa, les rois encouragent l'administration, l'économie et la culture. C'est une période de concurrence et d'entraînement mutuel. Au fur et à mesure, les taïfas les plus faibles sont absorbés par les autres.

Les troubles facilitent la Reconquista par les rois chrétiens et les Berbères sont de nouveaux appelés. Ils débarquent en 1086, dirigés par les Almoravides.

Les Almoravides, en arabe Murabitun, sont une dynastie berbère originaire de l'embouchure du fleuve Sénégal et qui ont conquis le Maghreb, au cours du XIe siècle sous l'autorité de Youssef Tachfin.

D'obédience sunnite, ils sont plus rigoureux dans l'application des règles islamiques et suivent le rite Malékite. En 1126, Alphonse Ier, le batailleur désireux, probablement de peupler les territoires étendus conquis par les Chrétiens, mène une campagne victorieuse jusqu'aux portes de Grenade et Cordoue d'où, il ramène plusieurs milliers de Mozarabes ralliés à sa cause. En représailles, de nombreux Mozarabes sont déportés au Maroc à la demande du kadi de Cordoue pour avoir soutenu la Reconquista.

Par ailleurs, totalement déchiré, en proie à la guerre entre taïfas, Al-Andalus ne ressemble plus du tout au pays qu'avait légué Abd Al-Rahman III, à son fils Al-Hakam II. Les différents musulmans se guerroient, les taïfas les plus puissantes souhaitent annexer les plus faibles qui pour se défendre passent des alliances désavantageuses avec les rois chrétiens.

Les conséquences se font immédiatement sentir, des villes puissantes comme Badajoz ou Séville payent à partir de la seconde moitié du XIe siècle un lourd tribut à Ferdinand Ier de León. Bien qu'ennemis entre eux, les dirigeants des taïfas aux frontières nord s'inquiètent de la puissance chrétienne et ils décident finalement de faire appel aux Almoravides d'Afrique du Nord.

Parmi eux, c'est certainement Mutamid, roi de Séville qui se démarque.

À la tête d'une puissante et riche cité jadis, Mutamid est contraint par Ferdinand Ier, puis par Alphonse VI de león à payer un très lourd tribut.

Un épisode humiliant survient en 1082 - 1083 lorsque, Alphonse VI envoie à Séville un juif nommé Ben Shalib pour la collecte des taxes que Séville doit verser annuellement. Les exigences de Ben Shalib sont tellement pesantes sur les finances du royaume que Mutamid décide de tricher en dégradant volontairement la qualité de l'or composant les pièces de monnaie.
Ben Shalib remarque immédiatement la ruse et prévient que s'il n'obtient pas des pièces d'or pur, il exigera en contre-partie plusieurs villes et forteresses du royaume de Séville.
Mutamid fou de rage assassine Ben Shalib, ce qui ne manque pas de provoquer la colère d'Alphonse VI qui immédiatement monte une armée détruisant tout sur son passage jusqu'aux portes de Séville. Bien que la ville ait résisté aux assauts, l'avertissement est clair.
En 1085, la Reconquista prend un tournant décisif, la taïfa de Tolède tombe sous l'épée d'Alphonse VI.

La ville de Tolède, gouvernée par un certain Al-Qadir, tombe rapidement. Ce dernier, de caractère faible et incompétent préfère fuir à Valence plutôt que de défendre sa cité.

S'en suivent la prise des villes de Huesca et de Lérida.

Ces conquêtes encouragent Alphonse VI qui se lance dans une politique de pillage en engageant des mercenaires qui massacrent la population des environs de Séville. Se faisant appeler roi des deux religions, Alphonse VI décide d'écrire une lettre d'un ton arrogant au roi de Séville, Mutamid, lui réclamant purement et simplement d'abandonner sa cité à l'instar du roi de Tolède :

« Mon attente ici (dans les environs de Séville), a déjà été trop longue, la chaleur et les mouches sont intolérables ; offrez-moi votre palais afin que je puisse me reposer à l'ombre de ses jardins et garder ces insectes loin de mon visage ».

La réponse de Mutamid est immédiate puisqu'il écrira au dos de la lettre envoyée par Alphonse VI son intention de faire appel aux Almoravides :

« Nous avons lu votre lettre et compris son contenu arrogant et méprisant. Nous avons bien l'intention de vous fournir rapidement un endroit ombragé, à l'ombre des Hamd (nom donné aux boucliers des combattants almoravides) ».

En effet, Mutamid le roi de Séville souhaite mettre à disposition des combattants almoravides et de leur chef Youssef Ibn Tachfin des navires afin de leur permettre la traversée de la Méditerranée.

La nouvelle de l'arrivée éventuelle d'Ibn Tachfin est loin de contenter tous les rois de taïfas qui connaissaient la force almoravide.

Surmontant un temps leurs divisions, les rois des différentes taïfas organisent une rencontre avec le roi de Séville afin de le raisonner et éviter à Ibn Tachfin de débarquer sur la péninsule. Lors de la rencontre Mutamid expose sa logique en faisant remarquer qu'il n'avait le choix qu'entre Alphonse et Ibn Tachfin. Bien que sceptiques, l'assemblée accepte la proposition de Mutamid et une lettre est officiellement envoyée à Ibn Tachfin lui demandant de venir aider le pays face à la conquête chrétienne.

Le débarquement almoravide sur la péninsule est fin prêt.

Les Almoravides connaissent bien Al-Andalus. Les villes du Maghreb y ont vu passer des générations de marchands andalous venant à Marrakech ou Fès y vendre le bois, les fruits et toutes sortes de biens dont le Maghreb manque, de même que de nombreux étudiants maghrébins vont en Al-Andalus, y apprendre la théologie, la médecine ou les mathématiques.

Bien qu'étant une personne simple, Youssef Ibn Tachfin connaît très bien le potentiel et les richesses dont regorge l'Andalousie, finalement, poussé par les théologiens qui arrivent à le convaincre sur l'importance de la défense de ce morceau de Dar Al-Islam, il accepte la demande des rois des taïfas.

Il va même aller au-delà, puisqu'il réclame la rédaction d'une fatwa l'autorisant à annexer l'Andalousie et à combattre les émirs qui se sont alliés avec les princes chrétiens.

Du côté chrétien, Alphonse VI est en plein siège de Saragosse, lorsque les rumeurs d'une arrivée des Almoravides lui parviennent.

Il retourne immédiatement à Tolède et fait appel à toutes les forces du pays, et même jusqu'en France.

Décidé à continuer à se faire appeler « roi des deux religions », Alphonse VI écrit lui-même une lettre à Ibn Tachfin qui de nouveau sur un ton arrogant le met au défi d'envahir la péninsule.

Durant l'été 1086, les trois forces en présence négocient toutes, l'arrivée d'Ibn Tachfin, les rois des taïfas souhaitent se placer sous la protection almoravide, mais ne veulent pas voir leur titre remis en cause, or Ibn Tachfin sait pertinemment qu'ils ne sont pas en position de négocier, son principal souci est l'affrontement avec Alphonse VI.

L'armée almoravide, habituée à combattre des païens des coins reculés du Sahara ou des hérétiques, s'apprête à affronter pour la première fois une armée chrétienne, qui plus est en Europe.

Afin, de préparer la campagne, Ibn Tachfin fait appel à Abd Al-Rahman Ibn al-Aftas, un conseiller andalou qui le prévient que la marge de manœuvre sur la péninsule est très réduite. De son côté Al-Mutamid utilise cette période pour négocier à son avantage avec Alphonse VI en le menaçant de l'imminence de l'arrivée des Almoravides.

C'est à Ceuta qu'Ibn Tachfin réunit une gigantesque armée composée de soldats venus des quatre coins de l'empire almoravide, du Sahara, du Maghreb ainsi que des différentes tribus comme les Sanhadja.

À leur tête, on trouve les plus prestigieux et loyaux chefs militaires que comptait l'empire. Finalement, le 30 juillet 1086, l'armée almoravide passe le détroit sans difficulté et arrive sur la péninsule au petit matin.

La conquête du pays est rapide, sur la trentaine de taïfas, moins d'une dizaine ont une réelle, puissance militaire et une capacité de résistance.

Les Almoravides vont s'employer à détrôner les petits émirs, dont les taïfas, qui vont disparaître les uns après les autres. L'arrivée des Almoravides est acclamée par la foule, qui fatiguée de l'état de guerre permanent entre taïfas est furieuse de la fragilité d'Al-Andalus face aux rois chrétiens.

Youssef Ibn Tachfin est à présent le nouveau maître du pays.

Son caractère profondément pieux et intransigeant a pour conséquence une application stricte de la loi islamique dans le pays. Le vin est par exemple, banni. Mais, c'est au niveau des relations avec les autres religions que le nouvel état est le plus dur.

Les églises sont détruites et les Juifs condamnés à payer de lourdes taxes. Rapidement, les Almoravides sont haïs par la population à cause des hausses d'impôts, mais aussi du comportement de leurs soldats, qui n'hésitaient pas à piller et à saccager ce que bon leur semble.

La corruption de l'État prend des proportions alarmantes. Pire, non seulement les Almoravides n'avaient remporté aucune bataille décisive, mais, ils ne parviennent pas à reprendre des villes importantes comme Tolède. Tout au mieux, ils ont freiné la Reconquista.

En 1121, le pays est en proie à la famine et une révolte éclate, dans plusieurs villes, mais, elle est écrasée dans le sang, notamment à Cordoue. Cela sonne la fin de la présence Almoravide sur la péninsule. Des chefs rebelles font appel aux Almohades d'Afrique du Nord, qui venaient de conquérir le Maroc.

LES ALMOHADES

Les Almohades sont une dynastie berbère qui avait été fondée par Ibn Toumert. Son fils Abd Al-Mumin prend la relève et profite du chaos en Andalousie pour attaquer les terres Almoravides en Afrique du Nord. Ali, émir Almoravide, décide de riposter, mais, meurt d'une chute de cheval lors d'une bataille près de Tlemcen, les Almohades encouragés par cette victoire prennent les villes une à une jusqu'à la chute de Marrakech au mois d'avril 1147.

C'est le fils d'Abd Al-Mumin, Ya'qûb Yûsuf, qui prend la relève et décide de conquérir la péninsule. Installé à Séville, il lance des attaques tout azimut, reprenant Valence aux Almoravides. Sous le règne de Ya'qûb Yûsuf on construit des ponts, des bains, des mosquées, la Giralda de Séville encore visible aujourd'hui.

En 1176, des agitations au Maghreb obligent Ya'qûb Yûsuf à aller en personne les régler. Il y restera huit ans. Années durant lesquelles en Andalousie les gouverneurs décideront de reprendre leur indépendance et les rois chrétiens à attaquer le pays. De retour au pays, Ya'qûb assiège Santeram, mais, meurt durant le combat, et les Musulmans sont défaits. Le choc est grand en Andalousie.

Le fils de Ya'qûb Yûsuf, Abou Yûsuf Ya'qûb prend le pouvoir après avoir été proclamé calife à Marrakech. Il a comme son père, la lourde tâche de défendre l'Andalousie et l'Afrique du Nord. Il inflige de lourdes pertes aux rois chrétiens, Salamanque et Guadalajara sont reprises de même que Trujillo où Santa-Cruz, la bataille d'Al-Arak en 1195 est une totale défaite du camp chrétien, de plus Ya'qûb se rapproche dangereusement de Tolède.

La Reconquista entreprise quatre siècles plus tôt est à l'arrêt, mais c'est grâce à ces défaites que les rois chrétiens réalisent que leur unité est essentielle pour poursuivre leur reconquête du pays. Abou Yûsif Ya'qûb est un administrateur de talent et sa cour est riche, il laisse à son fils Muhammad an-Nasir un pays débarrassé de la menace chrétienne.

Son père meurt empoisonné en 1213.

Jeune Timide et solitaire, il hérita d'un empire instable. Il concentra ses efforts contre les Almoravides d'Ifriqiya. Il donna à Abû Muhammad ben Abî Hafs la responsabilité de gouverner cet État de l'Espagne, repris grâce à lui aux Almoravides vers 1215. Il contribua ainsi involontairement à la fondation de la dynastie Hafside qui régna sur la Tunisie jusqu'en 1574.

Les médiocres qualités de guerrier de Muhammad an-Nasir et l'appel à la croisade lancé par le pape, dans le monde chrétien auront raison d'Al-Andalus.

L'armée chrétienne vainquit les Almohades à Las Navas de Tolosa (1212). L'avancée des troupes chrétiennes ne fut stoppée que par la peste. An-Nâsir revint au Maroc pour abdiquer en faveur de son fils Yûsuf al-Mustansir. Il est mort quelque temps après dans des circonstances obscures.

Les Almohades sont connus par la rigueur dont ils font preuve à l'égard des Chrétiens et des Juifs de leurs territoires, contraint de choisir entre la conversion, le départ ou la mort.

Al-Andalous se vide de ses minorités.

La Bataille de las Navas de Tolosa de 1212 et la poursuite de la Reconquista

Les guerres entre Almoravides et Almohades sont une époque propice aux rois chrétiens pour entreprendre leur rêve de reconquête totale du pays, mais leurs désunions, ne leur permettent pas de remporter de victoires significatives. Des révoltes en Afrique du Nord, mais, aussi dans les îles Baléares, où un descendant de la dynastie Almoravide appelle à la guerre contre les Almohades, permettront aux Chrétiens de retourner la situation. Le souverain Almohade, qui ne réalise pas à temps qu'une expédition chrétienne se prépare, décide d'aller réduire les rébellions.

Du côté chrétien, la Reconquista prend une ampleur européenne puisque le pape appelle à la croisade et de nombreux chevaliers français, italiens ou anglais y répondent. Comprenant enfin le danger, Muhammad an-Nasir parvient à recruter près de 300 000 hommes dans toute l'Afrique du Nord et espère réitérer l'exploit de son père à Al-Arak, une vingtaine d'années plus tôt.

Les deux armées se rencontrent à Las Navas de Tolosa, au nord de l'actuelle ville de Linares le 14 juillet 1212, bien qu'au départ, la situation semble favorable aux Almohades, très rapidement, elle se retourne. La panique gagne le camp musulman et les soldats fuient le champ devant la puissance des attaques chrétiennes, le sort de la bataille est définitivement scellé lorsque Muhammad an-Nasir, lui-même s'enfuit.

La victoire du camp chrétien mené par Alphonse VIII de Castille est éclatante. Les sources racontent que malgré 60 000 hommes et 2 000 chevaux, il n'y eut pas assez de bras pour transporter le butin et armes récoltées sur le champ de bataille. On dénombre près de 100 000 morts dans le camp musulman contre à peine quelques milliers du côté chrétien.

Trois jours plus tard Alphonse fait massacrer toute la population de Baezza, soit près de 60 000 personnes. Aux massacres s'ajoutent la fuite de dizaines de milliers de musulmans vers le Maroc actuel ce qui a pour conséquence l'abandon de vastes étendues de terre.

Muhammad an-Nasir s'échappe à Marrakech où il abdique en faveur de son fils. La puissance Almohade brisée, des chefs locaux déclarent leur indépendance ce qui permet aux rois chrétiens de continuer à favoriser tantôt un camp, tantôt l'autre.

En 1236 Cordoue, l'ancienne capitale musulmane, tombe dans des mains chrétiennes, Jaén et Valence suivent en 1238, puis c'est au tour de la puissante Séville d'être prise en 1248, Cadix en 1262, Carthagène en 1274.

La Reconquista occupe à présent plus de 90 % de la superficie de l'Espagne. Beaucoup de Musulmans fuient l'Espagne, préférant l'exil à la domination chrétienne, ou rejoignent le petit territoire du royaume de Grenade.

Bien que, les traités conclus avec les nouveaux vainqueurs permettent aux Musulmans de continuer à pratiquer leur religion, ces engagements sont rapidement oubliés. Dans les villes nouvellement conquises des colons venus de toute l'Europe, s'installent et exproprient les biens des musulmans, qui sont obligés de vivre dans des ghettos à l'extérieur des villes.

L'éloignement progressif de la menace musulmane change l'aspect des villes qui rasent les lourdes murailles pour faire place à des marchés et à la construction de nouveaux bâtiments, c'est le cas de Madrid qui pendant longtemps n'était qu'une forteresse censée protéger Tolède, pour se développer, et devenir la capitale d'un pays neuf.

LE ROYAUME DE GRENADE

(1238 - 1492)

Les gigantesques étendues de terres conquises posent de grands problèmes aux rois chrétiens qui doivent faire face aux graves troubles, internes. Le dépeuplement musulman de ces régions, laisse en effet un vide qui ne peut être comblé facilement.

En 1228, un noble nommé Ibn Hud arrache un bout de terre sur la côte Est, autour de Grenade, mais son incompétence et sa tyrannie le rendent impopulaire jusqu'à ce qu'un autre noble, Mohammed ben Nazar se fasse proclamer sultan en 1232 et se soumette à Ferdinand de Castille, devenant son vassal.

Rapidement, tous les Musulmans du pays qui n'avaient pas émigré en Afrique du Nord voient en lui le dernier espoir de pouvoir rester sur la péninsule et Grenade devient leur refuge.

Sur le plan architectural, la ville est conduite à s'adapter à cette arrivée subite de population. L'Albaisin de Grenade est construite. Quant à Mohammed, il se fait construire un palais qui deviendra par la suite l'Alhambra.

Conscient du soutien que le peuple lui accorde, Mohammed sait aussi que les rois chrétiens rêvent de rayer de la carte ce dernier pays musulman dans la péninsule. Bien que vassal d'Alphonse X, il entrera souvent en conflit, car il rêve d'être l'instigateur d'une nouvelle Reconquista, musulmane cette fois-ci. Mais les richesses amassées, par le camp chrétien rendent aléatoire tout espoir de victoire.

Conscients de cela, les descendants de Mohammed se résigneront à ne lutter que pour défendre leur royaume même, si ce petit pays, parviendra de temps à autre à s'emparer d'une ou deux villes grâce à des batailles courageuses, mais non-concluantes sur la durée. Et finalement, deux siècles et demi plus tard, le 2 janvier 1492, le royaume de Grenade tombe, victime de querelles familiales au sein des Nasrides.

LA RÉVOLTE
LES MORISQUES 1609

De nombreux mudéjars sont restés en Espagne, après la fin du royaume de Grenade et sont priés de se convertir sous la pression de l'Inquisition (Torquémada). Mais, leur conversion jugée apparente et leurs refus de s'assimiler aux Chrétiens prend la forme d' une coexistence de communautés séparées, ce qui déclenche une animosité de la population chrétienne.

En 1525, Charles Quint promulgue l'unité religieuse de l'Espagne et l'expulsion des mudéjars, au nombre de 300 000, s'ils ne se font pas baptiser, ce qu'ils acceptent, sauf des rebelles qui partent ou prennent le maquis.

Le sentiment se répand alors que les Morisques (musulmans convertis de force au catholicisme), sont susceptibles d'aider les Barbaresques et qu'ils sont dangereux en espérant une revanche avec l'aide notamment des Ottomans.

Par ailleurs ont lieu de nombreux soulèvements dès 1502 à Grenade, 1526 à Valence, dans les Alpujarras, une chaîne côtière, puis se déclenche, la seconde guerre de Grenade. Les insurgés s'en prennent aux prêtres, aux nonnes, ils profanent les images saintes et tentent de faire la jonction avec des navires ottomans ou maghrébins, qui débarquent des milliers de Musulmans, des armes, des arquebuses.

De terribles combats se déroulent, il apparaît que les Morisques soutiennent les insurgés qui mènent de dures batailles et prennent notamment une citadelle en entreprenant de vendre les femmes capturées comme esclave au Maghreb. L'expulsion est décidée par Philippe III en août 1609, sous la pression des Chrétiens.

300 000 Morisques partent pour Oran et se dispersent ensuite.

La société andalouse était fragmentée en fonction de la religion, mais aussi de l'ethnie. Dans la seconde partie du VIIIe siècle, on recensait, des Chrétiens, essentiellement des latins sur ces terres avant l'arrivée des Musulmans. Les Juifs, comme les Chrétiens, sont antérieurs à l'arrivée musulmane, mais sont persécutés durant les dernières décennies par les rois wisigoths, conversions forcées, interdictions des synagogues.

Les Musulmans, essentiellement des commerçants installés dans le pays. Parmi les Chrétiens, on pouvait distinguer ceux qui avaient conservé leurs traditions et les Mozarabes qui avaient adopté les coutumes arabes tout en maintenant leur religion.

Au sein des Musulmans, il y avait, les Kaisites arabes du Nord de la péninsule arabique. Les Yéménites traditionnellement opposés aux Kaisites. Les Berbères, convertis moins d'un siècle plus tôt et malgré leur investissement dans la conquête de la péninsule ibérique, ils font l'objet de discrimination de la part des Arabes.

Parmi, les autres peuples présents à l'arrivée arabe, on peut citer, aussi les Celtes, les Ibères, antérieurs aux Wisigoths. Les Wisigoths, et des Levantins.

Les Ethnies du VIIIe au XIVe siècle

Les Arabes, établis dans le Sud et le Sud-est, sont solidaires entre eux et ont un fort sentiment ethnique. Ces caractéristiques compliqueront le travail des premiers émirs pour pacifier le pays. À leur arrivée dans la péninsule, leur nombre ne dépasse certainement pas les 10 000, familles comprises, ce qui les place en nombre inférieur par rapport aux Berbères.

Par la suite, arrivant d'Égypte, du Hedjaz et tout le monde arabe en général, ils se regroupent au sein des villes en fonction de leur origine, les Arabes d'Oms s'installent autour de Séville, ceux de Damas à Grenade (Espagne), ceux de Palestine à Malaga. Bien qu'une rivalité ancestrale existe entre les Arabes du Nord de la péninsule arabique et les Yéménites celle-ci, va disparaître à partir du IXe siècle.

En majorité citadins et axés sur le commerce ou occupant de hauts postes dans l'administration, les Arabes sont aussi de grands propriétaires terriens. Piètres agriculteurs, ils préfèrent reléguer ces tâches aux Latins, qui contre toute attente trouvent une source de Libération face à l'incompétence arabe à exploiter les terrains.

Au fil des siècles et des mélanges avec les Wisigoths, la population arabe s'accroît, mais son pouvoir diminue au profit d'une civilisation arabo-hispanique qui perdurera jusqu'à la chute de Grenade.

D'autre part, selon l'historien Pierre Guichard, tous les princes omeyyades qui se succèdent au pouvoir à Cordoue sont des fils d'esclaves, concubines dont la majorité était d'origine indigène, des « Galiciennes », provenant des zones restées chrétiennes de l'Espagne du Nord et du Nord-ouest.

Ainsi, selon l'auteur, « à chaque génération, la proportion de sang arabe coulant dans les veines du souverain régnant diminuait de moitié, si bien que le dernier de la lignée, Hicham II (976-1013) qui, au vu de la seule généalogie en ligne masculine est de pure souche arabe, n'a en réalité que 0,09 % de sang arabe ».

Les Berbères, souvent originaires des montagnes de l'Atlas, habitent les montagnes du centre et du Nord du pays qui ressemblent le plus à l'Afrique, où ils mènent une existence de cultivateurs et de pasteurs.

Plus nombreux que les Arabes et tout aussi solidaires entre eux, ils poseront tout autant de problèmes aux différents émirs.

Les Esclavons, appelés sakakibas en arabe, constituent un groupe important dans la société andalouse. Capturés et achetés en Europe, les Esclavons sont essentiellement des Slaves et des Germains provenant d'Europe centrale ou orientale et convertis à l'islam.

Favorisés sous Abd al-Rahman II, ils sont ramenés en grand nombre en Andalousie où, certains d'entre eux reçoivent une éducation poussée qui leur permet d'obtenir de hauts postes dans l'administration. Devenant pour certains Grand Fauconnier, Grand Orfèvre ou encore Commandant de la Garde, ils finissent par former un groupe à part, se favorisant mutuellement les uns les autres.

Ils jouent un rôle important dans l'éclatement du pays au XIe siècle lors de leurs luttes contre les Berbères. À l'époque des taïfas, plusieurs Esclavons parviennent à arracher un royaume comme à Valence ou Tortosa et à en faire une puissante entité politique.

Les Latins convertis à l'Islam, où Muwallads sont le groupe le plus important du pays.

Les premières conversions ont lieu rapidement après l'arrivée arabe. Ils assimilent la culture et le mode de vie arabe, tout en oubliant leurs origines wisigothiques, ce qui leur permet de s'intégrer rapidement dans la société. Tolède, est une des villes les plus peuplées en Muwallads et qui donnera de nombreux religieux musulmans de hauts-rangs. De leurs origines latines, il ne reste pour beaucoup que le nom comme les Banu Angelino ou les Banu Martin par exemple.

Mis à l'écart les deux premiers siècles, ils exigent rapidement les mêmes droits que les Arabes et les Berbères, qu'ils obtiennent grâce aux révoltes d'Ibn Marwân entre autres, mais aussi avec les politiques volontaristes qui sont mises en place par les émirs Al-Hakam Ier et d'Abd al-Rahman II, au VIIIe siècle et IXe siècle. C'est à cette époque qu'un mouvement de conversion massif à l'islam s'opère au sein des Wisigoths ce qui modifie, le rapport des religions puisque les musulmans finissent par représenter près de 80 % de la population. C'est la communauté la plus pacifique et la plus fiable aux yeux des émirs et des califes.

Les Mozarabes sont des Latins non-convertis à l'islam, mais, ayant adopté le style de vie arabe. Représenté par un comes ou comte mozarabe lui-même, ils conservent leurs sièges épiscopaux, couvents et églises.

Certains parmi eux atteignent de hauts rangs dans la société, ce qui leur permet d'acquérir toutes les sciences et cultures de l'Orient et qu'ils retransmettaient à leurs coreligionnaires chrétiens du Nord de la péninsule au fur et à mesure de la reconquête.

Les Juifs, habitant essentiellement dans les villes, travaillaient principalement dans les métiers de la finance, du commerce ou comme ambassadeurs.

À la fin du XVe siècle, on compte plus de 50 000 juifs à Grenade et environ 100 000 dans toute la péninsule islamique.

Les non-musulmans avaient le statut de dhimmi et hormis les vieillards, les femmes, les enfants et les handicapés, payaient la Jizya qui s'élevait à un dinar par an.

Pour un auteur, les dhimmis, juifs et chrétiens, payent au IXe siècle 3,3 fois plus d'impôt que les musulmans. Les conditions de vie des non-musulmans ont fait l'objet de nombreux débats.

Maria Rosa Menocal, spécialiste de la littérature ibérique, considèrent que la tolérance faisait partie intégrante de la société andalouse. Selon elle, les dhimmis bien qu'ayant moins de droits que les Musulmans avaient une meilleure condition que les autres minorités présentes en pays chrétiens. Les Juifs constituaient plus de 5 % de la population andalouse et le pays était le centre de la culture juive au Moyen-âge, produisant une quantité importante de penseurs.

Les Juifs constituaient même la communauté la plus stable et la plus riche du pays, bien que des historiens comme Bernard Lewis, soient en désaccord avec ce point de vue, notamment quand il rapporte le massacre en 1066 de 3 000 juifs lors des émeutes, d'une durée de 3 jours, provoquées par la population musulmane qui n'accepte pas l'enrichissement d'un vizir juif jugé trop puissant et fastueux.

L'idée la plus communément admise aujourd'hui est que le sort des minorités dépendait des autorités qui régnaient.

Durant l'émirat et le califat, la situation était bonne, sauf émeutes ponctuelles, mais elle s'est dégradée à partir du XIIe siècle, avec l'arrivée des Almohades pour se détendre par la suite avec le royaume de Grenade.

L'islam sunnite a été la religion officielle de l'Espagne musulmane de la conquête en 711 jusqu'à la chute du royaume de Grenade en 1492.

Le courant théologique officiel était l'Acharisme.

La jurisprudence y était exercée dans un premier temps, selon l'école juridique awzâ'ite, pour ensuite être appliquée, selon l'école malékite. La jurisprudence zâhirite fut parfois appliquée, mais, son influence fut minime et ponctuelle. Les autres « religions du livre », furent acceptées avec, toutefois, des périodes de répression. Au XIe siècle, l'islam était devenu la religion majoritaire et les Musulmans constituaient plus de 80 % des habitants d'Al-Andalus.

La situation des Chrétiens à l'arrivée des musulmans était différente, selon les villes et les traités que les autorités locales avaient établis à l'arrivée musulmane. Dans la région de Mérida, ils peuvent garder leurs propriétés à l'exception des ornements des églises.

Dans les provinces d'Alicante et de Lorca, ils versent un tribut. Dans d'autres cas, il arrivait aussi que la situation ne leur soit pas aussi favorable, comme pour certains grands propriétaires chrétiens, qui voient leurs terres en partie spoliées.

De plus, les hommes chrétiens n'avaient pas le droit d'épouser des musulmanes.

LA RECONQUISTA

Avant 1085, date de la prise de Tolède par les Chrétiens, l'al-Andalus était aux quatre cinquièmes sous domination musulmane, le nord relevant de quatre royaumes chrétiens et depuis 806 d'une marche franque créée par Charlemagne avec Barcelone comme capitale. Après cette bataille de Tolède de 1085, la Reconquista, reconquête chrétienne, progresse fortement.

Al-Andalus se réduit à un peu plus de la moitié du territoire espagnol. Lorsque les Chrétiens commencèrent à s'unir pour repousser, les Musulmans installés depuis les années 720, la région était dirigée par un calife, le calife de Cordoue. Après Tolède, la Reconquista s'accélère au XIIIe siècle avec l'importante défaite musulmane lors de la bataille de Las Navas de Tolosa en 1212, grande victoire catholique historique, suivie de la conquête de Cordoue en 1236, et de Séville en 1248. Des milliers de Musulmans quittent l'Espagne ou se réfugient dans le petit royaume de Grenade.

En 1237, en pleine déroute, un chef musulman nasride a pris possession de Grenade et fondé le royaume de Grenade, reconnu vassal par la Castille en 1246 et qui devait ainsi lui payer un tribut.

De temps en temps, éclataient des conflits dus au refus de payer et qui se terminaient par un nouvel équilibre entre l'émirat maure et le royaume chrétien. En 1483, Muhammad XII devient émir, dépossédant son père, événement qui déclencha les guerres de Grenade. Un nouvel accord avec la Castille provoqua une rébellion dans la famille de l'émir et la région de Malaga se sépara de l'émirat.

Malaga fut prise par la Castille et ses 15 000 habitants furent faits prisonniers, ce qui effraya Muhammad.

Ce dernier, pressé par la population affamée et devant la suprématie des rois catholiques, qui avaient de l'artillerie, capitule le 2 janvier 1492, terminant ainsi onze ans d'hostilité pour Grenade et sept siècles de présence du pouvoir islamique dans cette extrémité de l'Espagne.

La présence des populations musulmanes dans l'Espagne redevenue chrétienne ne prit fin qu'en 1609, lorsqu'elles furent totalement expulsées d'Espagne par Philippe III, inquiet du désir de revanche des Morisques, des troubles qu'ils occasionnent, des raids barbaresques sur les côtes espagnoles et ailleurs, et de l'aide attendue des Ottomans.

ÉCONOMIE ET COMMERCE

Les vastes étendues de terre, notamment aux Xe siècle, lorsque le califat était à son apogée permettait à Al-Andalus d'avoir une agriculture variée.

La culture des céréales était principalement située sur les terres sèches du Sud de Jaén ou de Cordoue.

Les régions de l'ouest de Séville, quant à elles, étaient de grandes productrices d'huile d'olive et de raisin. Le bananier, le riz, les palmiers ou encore la canne à sucre étaient cultivés dans le sud et le sud-est. Les fruits et légumes comme l'asperge, l'amandier, le cerisier ou l'oranger par exemple, ont été introduits très tard dans le pays. Le coton était essentiellement produit dans la région de Valence ou de Murcie, enfin le ver à soie et le lin l'étaient dans la région de Grenade.

Les vastes étendues boisées autour de Cadix, Cordoue, Malaga ou Ronda permettaient au pays de lancer de grands projets coûteux en bois, comme les chantiers navals. En cas de mauvaises récoltes comme au début du Xe siècle, les céréales étaient importées d'Afrique du Nord, des ports d'Oran ou de Tunisie.

Arrivée de Chine par la Perse, la soie est cultivée essentiellement dans la région du haut Guadalquivir aux pieds des sommets de la Sierra Nevada et de la Sierra Morena, enrichissant les villes proches comme Baza où même Cadix.

C'est ainsi, que les avancées techniques introduites par les Arabes, ont rendu le système d'irrigation plus performant, grâce à la noria, roue à godets.

Aux acquias, canaux d'arrosage, ou encore albercas, bassins de rétention. Toutes ces techniques ont permis de développer dans les régions de Valence et de Murcie, les cultures d'agrumes, de coton et de canne à sucre qui font encore de nos jours leur spécificité.

À signaler depuis 1986, la création du parc naturel de la Albufera, en arabe, petite mer, nom donné du lac situé à 15 kilomètres au sud de Valence, où se côtoient rizières et activités de loisirs nautiques.

Mais, c'est à Alméria et ses environs que se spécialisent les artisans qui y fabriquent les étoffes, rideaux ou costumes avant qu'au IXe siècle Séville et Cordoue ne possèdent leurs propres ateliers de tissage.

Le commerce de la soie était une grande source de richesse pour le pays qui la vendait dans tout le bassin méditerranéen, au Yémen, en Inde, mais aussi en Europe du Nord, jusqu'en Angleterre.

Roger de Hodeven voyageur anglais au XIIIe siècle ou encore la Chanson de Roland parlent de la soie d'Alméria et des tapis de soie. Cependant, c'est aussi à partir du XIIe siècle que cette industrie voit sa production chuter.

Les Européens et en particulier les Italiens s'ouvrent à ce commerce et leurs marchands s'aventurent de plus en plus sur la route de la soie, de plus la vogue de la laine d'Angleterre ou de Flandres supplante la soie. Malgré tout, la soie andalouse sera exportée jusqu'à la chute de Grenade au XVe siècle.

La laine quant à elle, exploitée depuis l'Antiquité est essentiellement produite autour du fleuve Guadiana et dans toute l'Estrémadure. Sous la domination musulmane, elle est intensément produite et exportée, notamment avec les élevages de moutons de race dite Mérinos, dont le nom vient des Mérinides, une dynastie berbère d'Afrique du Nord.

C'est au Maghreb que les Musulmans de la péninsule apprendront les techniques d'élevage, d'organisation des transhumances entre les différentes saisons, les règles juridiques en termes de droits d'exploitation des sols. Alphonse X de Castille lui-même reprendra ces techniques et juridictions pour les imposer sur ses terres.

Bocaire, près de Valence est alors un des grands centres de fabrication de tissus dans la péninsule. Les marchands andalous exportent jusqu' en Égypte à la cour des califes fatimides ou en Perse.

Comme dans tout le monde musulman en général, les terres andalouses sont pauvres en fer et on est obligé de l'importer d'Inde.

Les lames de Tolède sont aussi connues que celles de Damas et se vendent à prix d'or dans tout le bassin méditerranéen ou en Europe. Le métal le plus exploité dans le pays est le cuivre, extrait essentiellement dans la région de Séville qui l'exporte sous forme de lingots ou d'objets manufacturés, décoratifs ou usuels. Tout aussi rare que le fer, le bois, matière indispensable pour l'industrie ou la construction navale, manquait cruellement à travers le monde musulman qui était obligé de lancer des expéditions jusqu'en Dalmatie pour trouver des bois de qualité.

L'avantage certain que possédait Al-Andalus grâce à ses grandes étendues boisées, surtout autour de Dénia ou Tortosa, lui permettait d'exporter en grande quantité, mais au fur et à mesure que la Reconquista progressait, les forêts se raréfiaient.

Introduit en Orient quelques années après la bataille de Talas en 751, le papier est une matière essentielle dans l'économie andalouse.

Fabriqué dans la région de Xàtiva, près de Valence Espagne, il acquiert une grande renommée grâce à sa qualité de fabrication mêlant le chiffon et le lin.

Très demandé dans tout l'Orient, en Europe, il est nommément cité dans la Guenizah du Caire.

Le trafic d'esclaves est attesté, dès la fin du IXe siècle. La grande majorité des esclaves venaient du pays nommé bilad as-Sakalibas, c'est-à-dire, pays des esclaves et qui englobait toute l'Europe orientale et centrale. Les autres provenaient des steppes d'Asie (Bilad Al-Attrak, ou de l'actuel Soudan, bilad as-Sudan.

Les esclaves provenant d'Europe étaient essentiellement des Slaves capturés autour de la région de l'Elbe, la Dalmatie ou encore les Balkans. Les Scandinaves sont les principaux vendeurs d'esclaves, ils les acheminent jusqu'aux abords du Rhin où des marchands, essentiellement juifs, achètent les esclaves puis les revendent dans toute l'Europe, comme à Verdun (France), qui est le principal centre de castration des esclaves, mais aussi à Prague, en Orient ou en Andalousie. Toutefois, avec l'arrivée des Almoravides, le commerce d'esclaves européens diminuera au profit de celui d'Afrique.

En ce qui concerne le commerce extérieur, le principal axe était celui qui joignait l'Andalousie à l'actuel Languedoc-Roussillon, qui durant un demi-siècle était une province arabe, avec des villes comme Arles ou Narbonne, d'où partaient les marchandises vers toute l'Europe ou l'Orient. Les marchands andalous y achètent essentiellement des armes ou des draps de Flandres, et y vendent des soieries et des épices.

Les ports andalous étaient essentiellement tournés vers le commerce avec l'Afrique du Nord, la Syrie ou le Yémen.

C'est par voie maritime qu'étaient transportés les produits pondéreux comme le bois, la laine, le blé, mais, aussi les pèlerins en direction de la Mecque.

Des garnisons formées de soldats, mais, aussi des mercenaires garantissent la sécurité du territoire. L'administration, quant à elle, n'est pas aux mains d'un militaire, mais, d'un wali qui est nommé et surveillé par le pouvoir central.
Le wali gouverne une circonscription provinciale. Chaque kûra possède donc un chef-lieu, un gouverneur et une garnison. Le gouverneur habite dans un bâtiment fortifié, appelé kâsba, du chef-lieu.
Le nombre de kûras sont assez fluctuants. Al-Muqaddasî, nous rapporte une liste de 18 noms. Yâqût, en dénombre au total 41 et Al-Râzî, quant à lui donne le chiffre de 37.
Apparue dès les débuts de la présence arabe dans la péninsule, ce mode de division administrative, lui-même hérité des Abbassides de Bagdad ou des Omeyyades de Damas, subsistera jusqu'à la fin de la présence musulmane en Espagne.

Le souverain est entouré de conseillers, les vizirs. Le premier vizir est aussi à la tête de l'administration le hadjib. C'est la seconde personne en importance après le souverain, il est après le souverain la personne, la mieux payée. Il est responsable d'une administration lourde et complexe. Ensuite viennent les bureaux ou diwans qui sont au nombre de trois et dont chacune est dirigée par un vizir. Le premier diwan est la chancellerie ou le katib al-diwan ou diwan al-rasail. Il a la responsabilité des diplômes et des brevets, des nominations et des correspondances officielles.

Ce diwan a aussi la responsabilité de la Poste ou barid, système de communication hérité des Abbassides. Enfin, le premier diwan gère les Services de Renseignements.

Sous l'autorité de Mozarabes ou de Juifs, la gestion des finances ou le Khizanat al-mal est organisé de manière complexe. On y comptabilise les revenus de l'État ainsi, que les revenus du souverain.
En Andalus, les impôts sont la première entrée d'argent, à cela s'ajoute les tributs des vassaux et les recettes extraordinaires.

Au cours des siècles, ces entrées varient considérablement, de 250 000 dinars aux débuts de la présence arabe, ce montant va s'élever à un million sous Abd Al-Rahman II, puis jusqu' à cinq millions sous Abd Al Rahman III et ses successeurs.

Parmi les impôts on retrouve la zâkat pour les Musulmans, la djizîa pour les nons-musulmans, mais, aussi d'autres impôts que le gouverneur lève en cas de besoin. La cour royale représente un poste de dépense important. Sous Abd Al-Rahman III, l'entretien de son palais de Madinat Al-Zahra, mais, aussi le harem et ses 6 000 femmes, personnel domestique, famille du souverain englouti des sommes considérables.

Le calife, lieutenant de Dieu sur Terre, est aussi juge de tous les Croyants. Il peut exercer cette fonction, s'il le souhaite, mais, en général, il la délègue à des subordonnés investis du pouvoir de juridiction, c'est le cadi.

Lors d'un jugement, le cadi est seul et il est assisté d'un conseil remplissant un rôle uniquement consultatif. Il est choisi en fonction de ses compétences, du droit islamique, et aussi en fonction de ses qualités morales.

Jugement sans appel, bien qu'il soit possible de demander d'être rejugé à nouveau, en choisissant le cadi.

Les sentences les plus graves sont exécutées par les autorités civiles ou militaires.

Outre les jugements, le cadi gère les biens de mainmorte, entretien les mosquées, les orphelinats et tout bâtiment destiné aux plus défavorisés.

Enfin, il lui est permis de présider la prière du vendredi, ou des autres fêtes religieuses.

La justice est gratuite, le cadi doit être d'un caractère pieux et doit rendre la justice équitablement, même s'il est mal payé. Il reste un personnage considérable au sein de l'État. Les jugements se faisant dans une pièce attenante à la mosquée. Le cadi peut juger entre deux Musulmans ou entre un Musulman et un Chrétien. En cas de litige entre Chrétiens, c'est un magistrat spécial qui est affecté et qui juge selon l'ancien droit wisigoth, entre Juifs, c'est un juge juif.

Au temps d'Al-Andalus, la loi était issue de la charia. Un fonctionnaire est spécialement affecté pour maintenir l'ordre public, c'est le sahib al-suk qui aujourd'hui est l'équivalent de l'officier de police.

Il s'assure que la population accomplit les devoirs religieux, du bon comportement de la population dans la rue, de l'application des règles discriminatoires envers les dhimmis. Toutefois, sa fonction principale est de traquer les contrefaçons et les tromperies dans les marchés en vérifiant les poids et mesures, s'assurant de la qualité des produits vendus, etc.

Les règles auxquelles, il doit se conformer sont consignées dans des traités qui indiquent les mesures à prendre pour chaque cas qui se présente. Lorsque le sahib al-suk attrape une personne, il la remet au cadi pour jugement.

Dans les villes de province, c'est au gouverneur que revient la tâche d'arrêter, mais aussi d'exécuter les peines des malfaiteurs.

Quant aux arts, aux lettres et aux sciences, ils atteignent également un rayonnement sans conteste jusqu'au début du XIIIe siècle. Le célèbre Averroès, 1126 -1198, philosophe et scientifique qui commenta les œuvres d'Aristote et de Platon en est la figure emblématique.

Les échanges avec la Chine et l'Inde, mais aussi la prise d'Alexandrie ou de Damas, qui étaient des anciennes cités romaines possédant de vastes bibliothèques, dont beaucoup de livres en grec sont le point de départ des sciences dites arabes. Tout en traduisant ces textes, les penseurs musulmans s'efforcent de les améliorer. Ce courant ne tarde pas à arriver en Europe, timidement au départ, il prend toute sa place à la fin du Moyen-âge, contribuant en partie à la Renaissance en Europe.

Les premiers à traduire les textes arabes sont les Espagnols et les Italiens, ces documents pénètrent lentement en France. Paris est au XIIIe siècle le centre le plus important d'études philosophiques et théologiques du monde latin, les cours dispensés dans son université sont réputés dans toute l'Europe. Malgré son prestige, ce n'est que deux siècles, après la mort d'Avicenne que l'université de Paris reconnaît totalement ses œuvres.

Les premiers à s'intéresser à la pensée arabe ne sont autres que les théologiens et hommes d'Église français. Guillaume d'Auvergne, évêque de Paris au XIIIe siècle, montre un grand intérêt pour les philosophies arabe et grecque même, s'il n'hésite pas à critiquer et dénigrer les travaux d'Avicenne sur ses réflexions pro-islamiques.

Plus tard, Thomas d'Aquin a la même réaction vis-à-vis des textes du penseur arabe.

Sur le plan scientifique, l'Europe qui est restée jusqu'au XIe siècle à l'écart des sciences grecques à là, aussi l'occasion de les redécouvrir par l'intermédiaire des savants arabes. Gerber d'Aurillac, moine, fut fait pape sous le nom de Sylvestre II, grand lettré qui ramena d'Andalousie, les chiffres de 1 à 9 le zéro étant d'origine indienne.

Après avoir parcouru la Catalogne et fréquenté des bibliothèques d'Évêché ou de monastère comportant des traductions d'ouvrages musulmans et espagnols, est un des premiers à rapporter en France les sciences arabes.

À travers l'Europe, un vaste mouvement de traduction est lancé. Bien qu'imparfaites ces traductions introduisent de nombreuses notions en mathématiques, médecine, astronomie, etc.

Dans le domaine des arts, l'influence arabe, venue de Byzance et de Perse, dans le domaine de l'architecture, se fait sentir en Europe.

Plusieurs églises romanes du sud de la France entre le XIIe siècle et le XIIIe siècle empruntent grâce aux ouvriers et artisans arabes qui participent à leur édification, mais aussi des croisés revenant de Terre Sainte, une architecture semblable aux mosquées et palais d'Al-Andalous comme les arches en forme de fer-à-cheval, repris de l'architecture byzantine ou perse ou bien des inscriptions bibliques gravées dans la pierre et directement inspirées des arabesques qui ornent les mosquées de l'époque.

L'exemple le plus frappant est certainement la cathédrale du Puy-en-Velay (France), et dont Emile Mâle remarque la ressemblance frappante avec la mosquée de Cordoue.

PRÉSENCE SARRASINE EN FRANCE

La présence sarrasine en France désigne une série d'attaques et de périodes d'occupations de l'actuel territoire français, notamment de la Septimanie et de la Provence par les Omeyyades, s'étant entre 730 et 973. Ces populations sont connues sous différents noms comme Arabes, ou Maures et désignent surement une population Arabo-berbère.

Une première phase de présence, suite à la conquête de l'Espagne par les armées omeyyades, est enregistrée dans la province de Septimanie avec Narbonne pour capitale entre 719 et 759, soit 40 ans. Cette armée arrive même à une centaine de Kilomètres de Paris et détruit les faubourgs de Sens (Yonne) en 732.

La seconde phase de présence dure près de 80 ans, entre 890 et 973 dans les environs de Saint-Tropez en plein massif des Maures où ils avaient établi plusieurs camps fortifiés avec pour chef-lieu Fraxinet, que des sources écrites arabes dénomment le Gabal al qilâl (la montagne des sommets), et farahsinêt, transcription phonétique du Fraximetum, soit l'actuel arrière-pays du golfe de Saint-Tropez.

Ils ont certainement donné son nom au village de Ramatuelle, puisqu' Évariste Lévi-Provençal, fait le toponyme Ramatuelle de l'arabe Rahmat-ûllah (ou Rahmatu-Allah) « miséricorde divine », mais pas au Massif des Maures, ni à la Maurienne où une partie de la communauté musulmane s'implanta dans la vallée de l'Arc.

Le nom Maurienne, ne trouve pas son origine dans le mot Maure, relatif aux incursions du Xe siècle des Sarrasins, mentionné par Grégoire de Tours au VIe siècle, il est plutôt un dérivé du latin Mahus

Rivus, mauvais ruisseau, qui a évolué en mot riou/rien.

En effet, la rivière de l'Arc est connue pour ses crues.

Quant au massif des Maures, son nom a la même origine que celui des Maures (habitants de la Mauritanie des Romains, c'est-à-dire, l'actuelle Afrique du Nord). Le latin moro-morus, signifiant noir. On doit aussi aux Romains le nom de Berbères. Les Romains avaient la curieuse habitude de qualifier de barbare, tout ce qui n'était pas, ni latin, ni grec.

Le mot Septimanie apparaît au Ve siècle dans une lettre de Sidoine Apollinaire pour désigner une partie du sud de la Gaule, faisant référence à une province de sept territoires. Les Wisigoths appellent cette partie de la Narbonnaise au nord des Pyrénées, Gallia ou Provincia Galliae. Ils ne lui donnèrent jamais le nom de Septimanie.

Les Francs, eux, désignèrent ce territoire sous le nom de Gothie, c'est-à-dire le pays des Goths. En raison de sa position excentrée dans le royaume wisigoth, la province est menacée par les Francs. Dans la seconde moitié du VIe siècle, ils lancèrent plusieurs incursions en Septimanie, sans jamais parvenir à la réduire. Les habitants de la province, sauf exceptions, se montrèrent en effets solidaires des Wisigoths, en raison de leur aversion au catholicisme puisqu'ils étaient en majorité Ariens.
Après avoir battu les Wisigoths en quelques mois et pris la majeure partie de la péninsule Ibérique en 711, les armées arabes s'emparent en 718 ou 719 de Narbonne, capitale de la dernière province wisigothique, la Septimanie, et en font la capitale de leur nouvelle province, pour près de quarante ans.

Le port leur permit d'acheminer des troupes et des vivres directement sur la côte languedocienne sans avoir à passer les montagnes.

Les Omeyyades nomment à sa tête Yusuf al-Fihri gouverneur jusqu'en 747 quand, rapatrié à Cordoue, il devient gouverneur de toute l'Al-Andalus, qui sera par la suite divisée en 5 provinces distinctes dont la Septimanie, pour le compte des Omeyyades de Damas.

Ses armées conquièrent ensuite Agde, Béziers et Nîmes en 718, qui tombent aux mains du Califat. C'est lors de cette conquête que furent notamment incendiées les Arènes de Nîmes. Échouant, devant les défenses de Toulouse, les Sarrasins prennent cependant Carcassonne en 725.

En 756, suite à la chute des Omeyyades à Damas devant les Abbassides, le gouverneur Yusuf al-Fihri est battu par Abd al-Rahman Ier devant Cordoue. Ce dernier prend possession de toutes les dépendances arabo-musulmanes en Europe en créant un nouvel État l'Émirat de Cordoue, qui durera jusqu'en 929, duquel naîtra le Califat de Cordoue, jusqu'à son éclatement en l'an 1031 en plusieurs petits émirats, les taïfas.

La domination Franque sur la Catalogne voisine commence avec la conquête de Gérone en 785, et de Barcelone en 801. Le territoire gagné sur les Musulmans devient la Marche d'Espagne, composée de comtés dépendants des monarques carolingiens. Parmi eux, celui qui joua le plus grand rôle, fut le Comté de Barcelone, d'où la reconquête prendra plus ou moins son départ jusqu'à la fameuse date de 1492.

Les Omeyyades sont en période d'expansion à l'Ouest. Outre la péninsule Ibérique et la Septimanie, ils débarquent en Sicile, qui est conquise en 720. La Sardaigne, la Corse et les Baléares suivent en 724. Les gouverneurs à la tête de la Narbonnaise lancent alors des expéditions en

Aquitaine pour s'emparer de butins.

Sous la domination musulmane, Narbonne devint Arbûna, le siège d'un wâli pendant quarante ans, capitale d'une des cinq provinces d'Al-Andalus, aux côtés de Cordoue, Tolède, Mérida et Saragosse. L'historien égyptien Mohamed Abdallah Inane, situe cette province au Nord des Pyrénées, incluant les côtes méditerranéennes jusqu'aux Bouches-du-Rhône, il ajoute que les principales villes de cette province sont Narbonne (Arbûna), Carcassonne (Qarquachounah) Béziers (Bazyih), Nîmes (Nimah), Agde (Ajdah) et Castelsarrasin (Majlounah).

Les musulmans laissèrent aux anciens habitants, chrétiens et juifs, la liberté de professer leurs religions moyennant tribut. En outre, ils firent venir d'Afrique du Nord, des familles entières avec femmes et enfants, afin d'élargir les bases de leur occupation.

On connaît un certain nombre de walis, gouverneurs de la province narbonnaise. Le premier est Abd al-Rahman ibn, Abd Allah al-Rhafiqi nommé en 720. Ensuite, Athima vers 737, Abd-er-Rahman el Lahmi à partir de 741. Omar ibn Omar vers 747. Le dernier gouverneur est Abd-er-Rahman ben Ocba (756-759), qui continuera à gouverner les territoires encore soumis aux musulmans, des Pyrénées jusqu'à Tortosa sur l' Èbre.

À partir de 725 ou 730, depuis la province narbonnaise et pendant quarante années, les musulmans lancent plusieurs raids vers le nord de la Gaule, remontant la vallée du Rhône, ils mènent des excursions jusqu'en Aquitaine et Bourgogne lors, notamment, de la bataille de Bordeaux.

Entretemps, Eudes le duc d'Aquitaine, parvient en 721 à briser le siège de Toulouse.

Mais, quelques années plus tard, il s'allie au gouverneur Omeyyade Munuza Uthman Abu Naissa, subordonné du gouverneur d'Al-Andalus, Anbasa ibn Suhaym Al-Kalbi. Munuza tente de se constituer une principauté indépendante en Cerdagne. Nommé en 730, le susnommé gouverneur Abd al-Rahman ibn Abd Allah al-Rhafiqi, dirige alors une expédition punitive contre Munuza, qui est battu et tué.

À l'ouest, l'armée de l'émir andalou Abd al-Rahman Ier se livre à la bataille de Poitiers en 732, où elle est finalement défaite par Charles Martel.

En 735, une partie des vaincus de Poitiers rejoignent la vallée du Rhône. Lyon est pillé, quelques églises détruites, mais certaines de celles qui l'ont été à cette période, ont été imputées aux armées arabes, alors qu'elles seraient le fait des attaques de Charles Martel, Pépin le Bref et Charlemagne.

En 736, Charles Martel prend les villes d'Aix, Marseille et Arles, après que Mauronte, duc ou Patrice de Provence, se soit allié avec les Maures pour sauver son autonomie. Puis en 737, les Francs entrèrent en Septimanie, après avoir pris Avignon et égorgé une partie de sa population.

Ils battirent par deux fois les Sarrasins, à Montfrin et sur le plateau de Signargues, près de Rochefort-du-Gard. Nîmes subit un sort pire qu'Avignon, les chroniqueurs parlent de têtes coupées, amoncelées en pyramide dans les arènes.

À l'appel de Patrice Mauronte, horrifié par les exactions des Francs, les Sarrasins revinrent en alliés à Avignon et Marseille. Pépin, le fils de Charles Martel, et Liutprend, roi des Lombards, s'allièrent pour les vaincre. Les deux cités provençales furent prises d'assaut.

Des seigneurs francs reçurent en fief des cités stratégiques en Provence afin d'empêcher tout retour des Sarrasins. Ce n'est qu'en 759 que le fils de Charles Martel, prend Narbonne aux musulmans et conquièrent la province de Septimanie.

À noter qu'une mosquée aurait été construite par les Arabes en 712 et 759 dans l'église Saint-Rustique de Narbonne, mais son authenticité est contestée. Les Arabes reviennent en Provence en 760, puis en 787 dans les Dentelles de Montmirail où ils pillèrent Prébayon.

Leur pression fut à nouveau si forte en Septimanie que Charlemagne chargea son cousin Guillaume, comte de Toulouse, de les faire refluer. Les deux armées se combattirent de 793 à 795. En 793, une nouvelle expédition sarrasine échoue devant les portes de Carcassonne.

Guillaume libéra Orange, ce qui lui valut le titre de Prince de cette cité, et défit les Sarrasins du côté de Narbonne.

Malgré l'extension de l'empire carolingien et sa puissance certaine, la Méditerranée reste dominée par la marine musulmane, en ces temps d'expansion arabo-musulmane, le contrôle de la Sicile, de la Corse, des îles Baléares et de la péninsule Ibérique, leur permet une grande mobilité, au long des côtes de Septimanie et de Provence entre autres pour mener leurs raids et razzias, comme le feront, pendant la même période, dans le sud de l'Italie et jusqu'à la période barbaresque.

Ayant fait de la Corse leur repaire, ils revinrent pourtant sur les côtes provençales en 813 afin de se fournir en esclaves.

Puis, on les retrouve assiégeants Marseille en 838, la pille et emmène en captivité clercs et moniales. L'abbaye Saint-Victor de Marseille est détruite. En 844 et 850, ils remontèrent la vallée de l'Ouvèze où ils pillèrent Vaison, puis redescendent vers Arles qu'ils assiègent. Ils furent à nouveau en basse Provence en 869, pour s'en prendre à Marseille et à Arles.

Les années 880/890, marquèrent un tournant dans leur stratégie. Venus d'Alicante, ils s'installèrent à demeure près de Saint-Tropez dans le Freinet, actuels cantons de Grimaud et Saint-Tropez, et de là essaimèrent dans toutes les Alpes. Cette place-forte, n'a jamais été retrouvée. Il n'est pas prouvé à ce jour que ce contingent ait été permanent. Il peut s'agir d'opérations et d'occupations temporaires, ponctuelles.

Un de leurs raids les plus meurtriers eut lieu en haute Provence et dans le pays d'Apt en 896. Pendant près d'un siècle, ils vécurent sur le pays qu'ils pillèrent et rançonnèrent.

Sarrasins en 923, débarquèrent dans l'actuel massif des Maures, ne peuvent s'emparer de Marseille, mais dévastent à nouveau l'abbaye de Saint-Victor. L'évêque de Marseille quitte la ville pour se réfugier à Arles.

Puis, suivent plusieurs alliances et mésalliances avec les princes locaux, jusqu'à la rupture définitive avec les Vicomtes de Marseille.

Dans la nuit du 21 au 22 juillet 973, ils firent prisonnier l'abbé de Cluny, Maïeul, au pont de Châtelard, près d'Orsières dans le Valais. Les Maures pensèrent qu'en enlevant l'abbé, ils pourraient en obtenir une importante rançon.

Depuis 921, les bandes sarrasines, provenant de Provence, s'étaient rendues maitresses de nombreux passages d'importance dans les Alpes occidentales (d'autres versions prétendent que les Francs, les avaient installées là, pour faire barrage aux Lombards), dont le col du Mont-Joux que l' abbé venait de franchir avant d'être reconnu et pris.

Les moines de Provence réussirent à réunir la rançon demandée. Tenant parole, les Sarrasins libérèrent leur otage. Celui-ci avait sa famille paternelle originaire de haute Provence.

En septembre, Guillaume et Roubaud, fils du comte de Boson II, rallièrent toute la noblesse provençale, mais aussi du Bas-Dauphiné et de Nice.

À la tête de l'ost provençal renforcé par les troupes d'Ardouin, comte de Turin, il traque les Maures qu'il écrase lors de la bataille de Tourtour en 973, puis les chasse de Provence. Le site précis de la bataille reste inconnu.

Cette campagne militaire, contre les Arabes conduite sans, les troupes de Conrad, masque en fait une mise au pas de la Provence, de l'aristocratie locale et des communautés urbaines et paysannes, qui avaient jusque-là, toujours refusé la mutation féodale et le pouvoir comtal.

Elle permet à Guillaume d'obtenir la suzeraineté de fait de la Provence et avec le consentement royal de contrôler le fisc de la Provence.

Il distribue les terres reconquises à ses vassaux, comme le territoire d'Hyères qu'il attribue aux seigneurs de Fos.

Il arbitre les différends et crée ainsi la féodalité provençale. Avec Isarn, évêque de Grenoble, il entreprend de repeupler le Dauphiné et autorise un comte italien nommé Ugo Blavia à se fixer près de Fréjus au début des années 970, pour remettre les terres en culture.

HISTOIRE DU LANGUEDOC-ROUSSILLON

Durant la période de l'antiquité, donc la période Gauloise, la région fait partie de la Celtique méditerranéenne. Vers la fin du IIIe siècle av. J-C, un peuple celtique, les Volques, prend ses quartiers dans la région du Rhône à la Garonne, des Cévennes aux Pyrénées. Ils ont pour capitales Toulouse et Nîmes. On assiste à une première structuration du territoire. Ils pactisent avec les Romains dès le Ier siècle av. J-C.

Narbonne est créée pour pacifier la province en 118 av. J-C, et devient la capitale de la Narbonnaise. La région comme le tiers de la Gaule est christianisée par Saint-Sernin (Saturnin), d'origine grecque, qui fut martyrisé en 250 à Toulouse attaché à un taureau prévu pour un sacrifice païen. Au début du Ve siècle a lieu l'invasion des Vandales.

Quelques années plus tard, les Wisigoths s'imposent. Les Romains leur abandonnent la garde du territoire.

Le royaume wisigoth occupe bientôt le tiers sud de la Gaule puis de l'Espagne. Toulouse, devient leur capitale. Les Wisigoths ont développé une hérésie chrétienne dite d'Arius : l'arianisme. Clovis, roi des Francs, mène une croisade contre eux. Toulouse tombe en 507. La région de Narbonne, la Septimanie, tout comme le reste de l'Espagne restent wisigothe jusqu'à la chute devant les Arabes, et de leur nouvelle capitale Tolède.

Cette province fut temporairement dominée par les Maures pendant 40 ans, avant d'être conquise par Charlemagne, qui la nomma marche de Gothie, incluse dans le royaume d'Aquitaine créé en 778.

Ce vaste territoire englobant tout le Sud du Rhône à l'Atlantique en vue de fédérer la reconquête hispanique avec pour capitale Toulouse, sera légué par Charlemagne à un de ses fils en 781.

L'administration est confiée aux comtes de Toulouse.

Au cours de cette période des réfugiés musulmans qui fuyaient la Reconquista espagnole, et plus tard, l'Inquisition, firent souche en Languedoc-Roussillon.

À l'époque féodale eut lieu une grande fragmentation politique. Les comtés de Roussillon et de Cerdagne, de langue catalane passèrent dans l'orbite des comtés de Barcelone, devenue royaume d'Aragon, alors que les vicomtés du nord (Carcassonne, Béziers, Nîmes, Agde), passèrent sous la domination de la maison Trencavel.

Une unité territoriale du Nord fut réalisée par les comtes de Toulouse notamment sous Raimond IV, dit Raimond de Saint-Gilles (1442-1115), qui atteindra par mariage l'objectif d'unification en agrandissant son État des comtés de Rouergue, de Nîmes, de Narbonne, du Gévaudan, d'Agde, de Béziers et d'Uzès.

Après la croisade contre les Albigeois, à la suite de l'extinction de la dynastie des comtes de Toulouse à la mort de Jeanne, fille de Raymond VII, le Languedoc est rattaché au Roi de France en 1271.

La région est administrée pour le compte du roi de France en trois sénéchaussées : Toulouse, Carcassonne et Beaucaire.

De là, naît le Languedoc royal, qui va persister jusqu'à la Révolution française. Il va conserver ses coutumes, sa langue et une administration spécifique.

Le traité de Corbeil en 1258 a déjà entériné la division du sud. Les Corbières formèrent la frontière entre le royaume de France et le royaume d'Aragon. Seule unité à cette époque entre le Bas-Languedoc et le Roussillon-Cerdagne. La province ecclésiastique de Narbonne dont, les évêchés de Béziers, d'Elne, de Saint-Pons-de-Thomières, de Saint-Papoul, de Maguelonne, de Nîmes, d'Uzès, d'Agde et de Mende, dépendaient.

Le royaume de Majorque qui existe au XIIIe siècle rassemblait le comté du Roussillon, le comté de Cerdagne et la seigneurie de Montpellier. Montpellier fut vendu au roi de France en 1349 et Majorque annexée par les rois d'Aragon.

En 1659, le traité des Pyrénées rattacha le Roussillon et le nord de la Cerdagne au royaume de France, mais les provinces de Languedoc-Roussillon restèrent séparées administrativement. Le Languedoc est une province d'État avec ses propres États provinciaux.

Commune de Passa, Pyrénées-Orientales

le Monastir del Camp

Fondé selon la légende, à la demande de Charlemagne, qui emprunta cette voie à son retour de la bataille de Panissars, où il combattit les Sarrasins en juin de l'an 785, le Prieuré de Monastir del Camp est vraisemblablement postérieur de près de deux siècles à cet événement.

À la suite de sa victoire contre les Sarrasins, Charlemagne arrêta ses troupes à deux lieues du village de Passa. Les soldats assoiffés cherchaient en vain une source lorsque l'un d'eux planta son épée dans le sol asséché du lit de la rivière. De l'eau en jaillit et tous purent se désaltérer dans le « Riu del Miracle », qui coule à cet endroit.

Pour marquer sa reconnaissance à la vierge Marie, qui avait permis à son armée, épuisée d'un long combat victorieux contre les Maures, de se désaltérer, le roi demanda qu'une chapelle soit érigée à cet endroit. Historiquement, le Prieuré du Monastir del Camp a réellement accueilli une communauté de moines, la communauté des chanoines de Saint-Augustins, aux environs de 1116, qui fut installée dans les lieux par Artal II, évêque d'Elne.
Par la suite, le prieuré deviendra un monastère bénédictin, qui restera en activité jusqu'en 1786.

Guifred le Velu

Né au château de Ria, dans le Haut Conflent, Province du Roussillon Guifred est le fils de Sunifred Ier, comte d'Urgell et de Cerdagne. Lors du Concile de Toyes en 878, il obtient de Louis le Bègue la destitution de Bernat 1er, comte de Barcelone, à son profit. Il prend alors le titre de Comte de Barcelone et de Gérone, alors que son frère Miron 1er, prend celui de Comte du Roussillon.

Autonome dans sa démarche, il gouverne seul ses comtés jusqu'en 897, hardi combattant, il défait les Musulmans à plusieurs reprises. Une légende attribue d'ailleurs le nom de « Pont des Sarrasins », au pont de Rodés, soi-disant en référence à ces batailles.

Devenant Marquis de la Marche d'Espagne, il épouse Gunédilde de Flandres. Dans le domaine social, Guifred développa la plaine de Vic, actuellement en Cerdagne espagnole, qui se trouve à l'intersection des comtés de Barcelone-Gérone et Cerdagne-Urgell. Ainsi, repeuplée cette plaine eu pour objectif de souder les deux comtés en créant une zone géographique commune.

Vers 885, Guifred créa le comté d'Ausonne et rétabli l'évêché sur les territoires reconquis aux sarrasins. Prévenant un éventuel retour des infidèles, il développa le catholicisme en faisant édifier des abbayes. L'abbaye, Santa Maria de Ripoll, 880, consacrée en 888. San Joan de l' Abadesses 885, alors qu'en Conflent son frère créait Saint-Michel de Cuxa en 879.

Guifred le Velu mourut en 897, en combattant le seigneur musulman Llop Ibn Muhammad.

Ce personnage est nommé différemment en fonction des époques et des personnes. Guifred, Wilfred, Guiffre et même Joffre le Velu sont d'autres noms.

Il eut plusieurs enfants, dont :
Miron II le jeune futur comte de Cerdagne et d'Urgell.
Borell 1er et Sunyer Ier, futurs comtes de Barcelone, de Gérone et d'Ausonne.

Les notables locaux se dressent contre Louis le Pieux en 827, mais l'échec de la révolte, marque la fin des espoirs de renaissance d'une entité politique wisigothique indépendante du souverain Franc et de l'émir de Cordoue. Alors, que Charles le Chauve se voit attribuer, lors du partage de Verdun de 843, la marche d'Espagne, le morcellement politique du monde carolingien facilite la formation, à partir de plusieurs comtés Francs, de petites principautés territoriales qui fourniront ses premiers cadres politiques à l'espace catalan.

Il s'agit des comtés de Cerdagne, Urgel, Besalù, Sobarbe, Ribagorza, Pallars, Gérone, Roussillon, Vich, Ampurias et Barcelone. L'autorité carolingienne se maintient cependant jusqu'en 878. C'est à cette date que Guifred le Velu, fils de Sunifred, comte de Barcelone, Gérone et Narbonne, devenu dès 870 comte d'Urgel, de Cerdagne et de Conflent, est investi du titre de marchio, et se voit confier par Louis le Bègue, les comtés de Barcelone et de Gérone. Jusqu'à sa mort, survenue en 897, Guifred accomplit une œuvre considérable.

Il fait construire des forteresses comme celle de Cardona et organise le peuplement de la région du Vallès proche de Barcelone.

Il encourage les Fondations monastiques et obtient en 886, la restauration, à Vich, de l'évêché d'Ausonne, disparu après la révolte sans lendemain de 827.

L'avènement de Guifred constitue un moment important pour l'histoire de la région, car c'est en 878 que les comtes sont nommés pour la dernière fois par les souverains carolingiens. À partir de cette date, la future Catalogne est virtuellement indépendante, les rois Francs se contentant désormais d'entériner simplement les successions comtales, les différents pouvoirs locaux étant devenus de fait héréditaires.

Les comtes de Barcelone mettront ensuite, plus d'un siècle pour réussir à s'imposer. Ils constatent en 985, lors de la destruction de leur capitale par Al Mansur, que leurs appels au secours aux derniers Carolingiens, demeurent sans réponse et il leur apparaît bientôt, qu'ils n'ont rien à attendre de la nouvelle dynastie capétienne installée en 987.

Le comte Boreill II relève pourtant les murs de Barcelone et les lendemains de l'an mil, sont marqués, sous l'impulsion de Ramon Berenguer Ier, par un regroupement des divers comtés autour de l'ensemble formé par ceux de Barcelone, Vich et Gérone.

La seconde moitié du XIe siècle, voit un renforcement de l'autorité du comte à qui les nobles doivent désormais prêter un serment de fidélité. En 1111, le comté de Barcelone s'agrandit de celui de Besalù, en 1117 de la Cerdagne, et en 1132 du Roussillon.

Alors que se constitue le cadre politique de la Catalogne, le pays connaît, entre le IXe siècle et le XIIe siècle, un essor économique remarquable. Dès le milieu du IXe siècle, la surpopulation des régions montagneuses qui ont servi jusque-là de refuges pousse vers les plaines des milliers de paysans qui colonisent les régions abandonnées à la friche depuis le VIIIe siècle. Le raid dévastateur lancé par les musulmans en 985, ne donne qu'un coup d'arrêt temporaire à la croissance.

Les progrès des techniques culturales et de la production agricole, le dynamisme de la métallurgie lié à la présence des gisements de fer du Canigou, l'essor du commerce maritime sur une côte délivrée de la piraterie sarrasine, la renaissance des marchés et des bourgs, la réapparition de la circulation monétaire, les tributs payés à partir du XIe siècle par les petits royaumes musulmans qui achètent désormais la protection du comte de Barcelone, les soldes versées aux mercenaires catalans, le développement des échanges au long de la voie commerciale qui, par le Perthus, relie le Roussillon à l'Ampurdan, tout cela contribue à établir, en quelques décennies après le tournant de l'an mil, une belle prospérité.

Le décollage économique va de pair avec des transformations sociales. Le poids de la caste militaire se renforce et un processus de féodalisation s'opère aux Xe et XIe siècle, au détriment des petits paysans, libres soumis désormais à des seigneurs toujours plus exigeants. Au même moment, une bourgeoisie marchande active s'impose dans les villes où elle dispose rapidement d'une large autonomie. Dès 1025, le comte Ramon Bérenguer Ier accorde ainsi à Barcelone une charte de Franchise.

L'essor économique du pays exigeait qu'il fût à l'abri des razzias musulmanes.

Au milieu du IXe siècle, Barcelone est mise à sac à deux reprises, et Guifred le Velu doit se contenter ensuite de tenir la frontière du Llobregat. Au Xe siècle, le calife de Cordoue oblige le comte de Barcelone à lui payer tribut et, le 6 juillet 985, Al Mansur détruit complètement la ville.

Le redressement est rapide et dès 1010, la crise du califat Omeyyade entraîne le pillage de Cordoue par une expédition catalane. Comme les Castillans, les Catalans vont ensuite, tout au long du XIe siècle, « protéger » les petits royaumes musulmans apparus sur les ruines du califat et les émirs de Lérida, de Tortosa et de Saragosse sont ainsi contraints de payer tribut au comte de Barcelone.

En 1064, Ermengol d'Urgel est l'un des chefs de la « croisade », lancée contre Barbastro, qui menace un temps la domination musulmane sur la vallée de l'Èbre. Les entreprises de Rodrigo Diaz de Vivar, le Cid Campeador, barrent la route de Valence aux Catalans, qui doivent ensuite faire face aux Almoravides. Venus du Maroc pour se substituer aux petits souverains musulmans ibériques, ces nouveaux envahisseurs sont arrêtés à Martorell en 1114, mais Barcelone est assiégée l'année suivante et il faut attendre le règne de Ramon Berenguer IV (1131-1162) pour que la prise de Tortosa en 1148, celle de Lérida et de Fraga en 1149, écartent définitivement le danger musulman.

Le nom de Catalogne apparaît alors dans un récit pisan de l'expédition conduite en 1114-1115, contre les Baléares et ce sont les castlans ou « châtelains » qui ont, comme en Castille, donné leur nom au pays.

Un remarquable essor culturel accompagne le développement économique de la région.

L'époque est marquée par de nombreuses fondations monastiques, San Miguel de Cuxa en 879, Santa Maria de Ripoll en 880, San Juan de las Abadesses en 887. En contact avec les foyers culturels d'Al-Andalus grâce aux chrétiens mozarabes qui ont fui les terres musulmanes, les monastères catalans constituent de riches bibliothèques. Celle de Ripoll compte 245 volumes en 1047, Gerbert D'Aurillac, le futur pape Silvestre II, vient étudier à Ripoll et à Vich entre 967 et 970.

Llobet de Barcelone traduit un traité arabe d'astronomie et Miro Bonfill, évêque de Gérone et comte de Besalù, est aussi un écrivain et un poète qui a une bonne connaissance du grec. La personnalité la plus remarquable du XIe siècle catalan, demeure Oliba, un comte de Cerdagne devenu abbé de Ripoll en 1008, puis évêque de Vich en 1018. À l'origine de la fondation de l'abbaye de Montserrat, il est aussi, lors du synode de Toulouse de 1027, l'initiateur de la « trêve de Dieu » appelée, en se généralisant, à pacifier des mœurs féodales jusque-là très brutales.

L'époque voit la magnifique floraison de l'art roman, illustrée par le linteau de Saint-Genis de Fontaines, les chapiteaux de Serrabonne, les fresques de Tahull, les cloîtres d'Elne, de l'Estany et de Gérone, la cathédrale d'Urgel, la petite église de Saint-martin du Canigou ou le décor sculpté de l'admirable façade de Santa Maria de Ripoll. La restauration effective, en 1118, du siège métropolitain de Tarragone, disparu lors de l'invasion musulmane, témoigne également de la part prise par l'Église dans la renaissance catalane des XIe et XIIe siècles.

La mort du roi d'Aragon Alphonse, le Batailleur décide en 1134 des destinées catalanes. Son frère Ramire II épouse l'année suivante Agnès, veuve du comte de Thouars, qui lui donnera une fille, Pétronille, née en 1136.

Plutôt que d'envisager son mariage avec un prince castillan ou navarrais, Ramire préfère la promettre dès 1137 au comte de Barcelone Ramon Berenguer IV, qui devient ainsi prince d'Aragon, mais dont le fils Alphonse II sera, de 1162 à 1198, comte de Barcelone et roi d'Aragon.

Catalans et Aragonais regardent alors au moment où l'irruption des Almoravides, puis des Almohades, interdit tout nouveau progrès de la Reconquista vers le sud, aussi, vers les terres situées au nord des Pyrénées.

Ils parviennent ainsi à s'implanter à Carcassonne, dans le Razès et en Provence et entretiennent des rapports étroits avec le Béarn et le comté de Toulouse. Au début du XIIIe siècle, Pierre II d'Aragon peut même envisager la création d'un vaste ensemble catalano-occitan, mais la guerre des barons du Nord présentée comme une « croisade », contre le catharisme vient ruiner ses ambitions.

Quand il se porte au secours de son vassal, le comte de Toulouse Raymond VII, il trouve la mort le 11 septembre 1213, lors de la bataille de Muret qui décide de la destinée ibérique de la Catalogne.

Conclu en 1258 entre Saint-Louis et le roi Jaime Ier El Conquistador, il s'est emparé des Baléares et de Valence, le traité de Corbeil voit la Catalogne quitter définitivement l'espace franc, alors que le roi d'Aragon renonce à ses ambitions sur le Languedoc.

L'origine du drapeau catalan. Les barres catalanes forment l'un des plus anciens drapeaux d'Europe, dont l'origine demeure légendaire et remonte au IXe siècle. Au cours d'un combat contre les musulmans, l'Empereur franc Louis le Pieux demanda à son vassal le comte de Barcelone Guifred el Pelut qui avait un château-fort, dans le vieux village de Ria, Province du Roussillon, Pyrénées orientales, de lui venir en aide avec son armée.

Après un rude combat qui vit la victoire franque, le comte de Barcelone fut gravement blessé. L'empereur Franc, pour immortaliser la bravoure du comte catalan, trempa sa main, dans le sang de son vassal et marqua de ses doigts le bouclier, faisant 4 traces rouges. Ces armes héraldiques deviendront par la suite celles des comtes catalans et seront mises en bannière en burèles, et non pas en pal.

Ce drapeau perdurera dans le temps et connaîtra un vrai renouveau avec le retour de la démocratie en 1975, et lors de l'établissement d'une certaine autonomie régionale en Espagne en 1977.

Estagel dans le Roussillon, est un lieu habité par l'histoire, depuis très longtemps. La présence de l'homme de Tautavel en est un signe. De nombreuses preuves d'habitat romain ont été découvertes : mas Jau, mas Camps, et le nom même Villa Stagello en est une preuve. Le passage des Wisigoths est avéré par la présence d'un cimetière à « Las Tombas », Ve et VIIe siècle, route de Montner où les Maures ont aussi laissé leur marque avec un mont, « le cimetière des Maures », légende, qui serait attribué au fameux Roland et à ses adversaires les Maures.

Il pourrait même y avoir des vestiges, dans ce secteur, le long du Verdouble à la frontière entre Estagel et Tautavel (références au livre, lieux et légendes du Roussillon de Jean Abélanet).

Par l'écrit, nous trouvons la première mention d'Estagel dans une Bulle du pape Agapet II en 951, puis en 1119, une nouvelle Bulle du pape Gélase, qui toutes deux confirment les possessions de l'abbaye de Lagrasse (Aude), dans lesquelles se trouve une église Saint-Vincent, dans un lieu appelé «Villa Stagello » puis, « Estagellum », l'étymologie semble renvoyer au Latin avec le mot statio = station, lieu de séjour, suivi du suffixe, Ellum. Le terme Estatiellum a pu désigner un relais, une auberge sur la route du Roussillon au Fenouillède.

SCIENCE ARABE

« La civilisation arabo-musulmane n'a rien inventé » : cette idée reçue remonte à la Renaissance et sera confortée au XIXe siècle.

Spécialiste du monde arabo-musulman, ancien journaliste au Monde et directeur honoraire du Centre d'études de l'Orient contemporain, Paul Balta réexamine ci-après une idée reçue sur la science arabe.

Son texte est tiré d'un essai publié par les éditions, le Cavalier Bleu en février 2011 : islam & Coran, idées reçues sur l'histoire, les textes et les pratiques d'un milliard et demi de musulmans (collection Idées Reçues, 272 pages, 18 euros). Il a été écrit en collaboration avec Michel Cuypers et Geneviève Gobillot.

Au XVIe siècle, alors que la civilisation arabo-musulmane est entrée en déclin, l'Europe prend l'ascendant et redécouvre son héritage gréco-romain. Elle doit bien admettre sa dette. La plupart des textes perdus pendant « l'âge des ténèbres » avaient été traduits en arabe par des savants syriens maîtrisant les deux langues. Mais on souligne leur chrétienté plutôt que leur arabité. Il est vrai que les Bédouins d'Arabie des débuts de la conquête avaient des poètes, mais pas de savants.

Au XIXe siècle, les tenants de la laïcité, dont de grands écrivains comme Ernest Renan et le positivisme d'Auguste Comte, critiquent l'obscurantisme des religions sur un fond d'antisémitisme. Or, les Arabes sont aussi des Sémites. Partageant cette façon de voir, les orientalistes de l'époque minimisent les apports originaux de la civilisation arabo-islamique en expliquant qu'elle n'a été qu'une courroie de transmission de la science grecque et des savoirs indiens et persans.

Ce sont des spécialistes, notamment européens et arabes et le Pakistanais Abdus Salam (1926-1996), premier prix nobel scientifique (physique, 1979), du monde musulman, qui rétabliront les faits dans la seconde moitié du XXe siècle. En 1999, le prix Nobel de Chimie a été décerné à l'Égyptien Ahmad Zuwail.

Du VIIIe au XIIIe siècle, cette civilisation a été à la pointe de la modernité. Il y a certes eu un « miracle grec », dans l'Antiquité, mais il y a eu aussi un « miracle arabe » au Haut Moyen Âge, celui des savants et des penseurs qui ont choisi de rédiger leurs travaux dans cette langue, alors qu'ils étaient Persans, Berbères, Andalous, Juifs, etc. Ils ont exploré tous les domaines du savoir : astronomie, mathématique, physique, chimie, médecine, philosophie, géographie, architecture, botanique, histoire.

Les Arabes chrétiens d'abord, puis ceux convertis à l'islam, ont commencé par traduire les textes fondamentaux grecs, persans, indiens. Les conquérants arabes ont assimilé parallèlement les techniques et les savoirs des peuples conquis avant d'innover avec eux, puis seuls.

L'Américain George Sarton (1884-1956), a divisé sa monumentale introduction à l'histoire des sciences (3 tomes, 1927-1948) en « époques », d'une durée d'un demi-siècle environ et a associé une « figure centrale », à chacune d'elles. Il constate : après les Égyptiens, les Grecs, les Alexandrins, les Romains, les Byzantins, Arabes et Persans viennent en une succession ininterrompue, de 750 à 1100. Citons-en quelques-uns : Jabîr vers 800, alchimiste arabe connu en occident sous le nom de Gerber.

Khawarizmi (780-850) inventeur de l'algèbre et des algorithmes. Râzi ou Rhazès (865-925), médecin Persan, fondateur du premier hôpital à Bagdad. Birouni (973-1050), né à Khwarezm, en Asie centrale, astronomie, historien, géographe, mathématicien, auteur, d'un célèbre Kitâb al-Hind, « Description de l'Inde » (1030). Avicenne (980-1037), né à Boukhara, philosophe, commentateur d'Aristote et médecin dont les traités ont été en usage dans les universités européennes jusqu'au XVIIe siècle. Omar Khayam (1047 -1122), poète et mathématicien Persan.

Pour sa part, Abdus Salam considère Ibn Haitham ou Al Hazen (965-1039) comme « un des plus grands physiciens de tous les temps ». Il souligne qu'il a formulé les lois de l'optique, bien avant Roger Bacon (1212-1294), ainsi que la loi d'inertie qui deviendra la première loi du mouvement chez Newton (1642 – 1727).

Rappelons, aussi que les chiffres arabes, de 1 à 9, que nous utilisons ont été inventés au Maghreb, leur graphie au Proche-Orient est indo-persane, et introduits dans l'Europe chrétienne par le moine Gerbert d'Aurillac Auvergnat, lorsqu'il est devenu pape, en 999, sous le nom de Sylvestre II.

Il les avait découverts au cours d'une mission secrète à Cordoue. Le zéro, d'origine indienne, traduit en arabe par as-sifr, qui donne cephirum, zefero en italien et zéro en français, ne sera introduit qu'au cours du XIIe siècle. La numérotation décimale représente un progrès considérable par rapport à celle des Romains qui était jusqu'alors en usage en Europe. (Illustration : CCCXXXIII s'écrit, grâce aux Arabes, 333 !). Les unités, les dizaines et les centaines permettent ainsi des calculs plus complexes et plus rapides.

Ce n'est qu'à partir du XIIe siècle, souligne Sarton, qu'apparaissent les premiers savants européens. Toutefois, pendant encore deux siècles et demi, l'apport des hommes de l'islam sera considérable et contribuera à masquer le déclin qui a commencé au XIIe siècle, comme on le verra.

Citons les plus grands, tel Averroès (1126-1198), philosophe andalou et commentateur d'Aristote (comme Avicenne), Maïmonide (1135-1204), théologien et médecin juif andalou.

Ibn Battûta (1304-1377), géographe et voyageur marocain qui vaut bien Marco Polo (1254 -1324). Ibn Khaldoun (1332-1406), né à Tunis, ancêtre de la sociologie et historien au sens moderne du terme, alors qu'il n'y avait à l'époque que des chroniqueurs sur les deux rives de la Méditerranée.

Sans tous ces apports, la Renaissance européenne n'aurait pas été ce qu'elle fut ou aurait été plus tardive.

Partis du désert, les nomades se sont enracinés et sont devenus de grands bâtisseurs de villes. Ils en ont fondé environ deux cents. Au début de la conquête, ils n'avaient pas d'architectes et avaient dû recourir aux Byzantins pour édifier leurs premiers monuments, notamment la mosquée d'Omar ou Dôme du Rocher à Jérusalem (688-692).

Pourtant, dès le milieu du VIIIe siècle, les Arabes et les peuples sédentaires convertis ont élaboré un art original très caractéristique dont témoignent, déjà la grande mosquée de Damas (706-715), et celle de Cordoue (785-800).

L'architecture est assez dépouillée, mais la décoration, qui bannit la représentation figurée, privilégie l'abstraction, l'arabesque, la calligraphie est déployée à profusion.

La civilisation arabo-islamique a également contribué à transformer le paysage méditerranéen en y acclimatant des espèces apportées d'Asie : l'oranger, le pêcher, le prunier, l'abricotier, les cucurbitacées, pastèques, les melons, et les courges.

Influencés par les Jardins suspendus de Babylone, une des sept merveilles du monde, les musulmans ont introduit chez les sœurs latines, la culture en terrasses et des systèmes d'irrigation et de répartition de l'eau dont plusieurs sont toujours en usage en Espagne.

De même, au Moyen-âge, les Arabes après s'être inspiré des traditions culinaires gréco-byzantines, persanes et turques, ont développé un art culinaire complexe et raffiné qui a influencé les cuisines et la diététique de la rive nord.

Il faut citer, à ce propos, Ziryad (789-857), arbitre des élégances et du bon goût. Originaire de Bagdad, il vécut à Cordoue. C'est lui qui a introduit la mode saisonnière, étoffes légères de couleurs vives au printemps, vêtements blancs l'été, manteaux et toques de fourrure l'hiver, créé un institut de beauté d'une étonnante modernité, fixé l'ordonnance des repas, entrée, plat principal, desserts. Il remplaça le gobelet d'or ou d'argent par le verre à pied tel que nous le connaissons. Il rétablit la tradition du banquet.

Dès lors, quelles sont les causes du déclin qui, à son tour, a donné naissance à une idée reçue en grande partie fondée ?.

Les causes géopolitiques et économiques sont indéniables : déferlement des Mongols et prise de Bagdad en 1258, montée en puissance de Venise, Gênes, Lisbonne, qui ouvrent de nouvelles voies commerciales terrestres et maritimes. Mais, la cause principale est interne : l'empire abbasside est déchiré par des conflits, menacé par la rébellion chiite et agitée par l'effervescence intellectuelle

En 1019 (409 de l'hégire), le calife de Bagdad, Al Qadir, prend une décision politique en utilisant la religion. Il fait lire au palais puis dans les mosquées une profession de foi appelée Risâla al-qâdiriya, « l' Épître de Qadir », dans laquelle, il condamne la doctrine du « Coran créé », interdit les exégèses et fixe le credo officiel.

Il « ferme la porte de l'ijtihad » (l'effort de recherche personnel), selon l'expression en usage chez les musulmans. Il tue ainsi l'esprit critique et encourage le taqlid, « l'imitation servile », au détriment de l'innovation.

Commettant cette décision dont les conséquences se font sentir jusqu'à nos jours, un grand savant, Al Ghazali écrit en 1100, dans la Renaissance des sciences religieuses : « En vérité, c'est un crime douloureux que commet, contre la religion l'homme qui s'imagine que la défense de l'islam passe par le refus des sciences mathématiques ». Depuis, nombre de réformateurs s'efforcent de « rouvrir de l'ijtihad ».

Un des plus graves problèmes qui continuent à se poser dans la plupart des pays musulmans est celui de l'enseignement, inspiré par la méthode coranique et fondée sur l'apprentissage par cœur. En outre, le niveau est faible.

Pour les seuls pays arabes, en moyenne, 50 % des femmes et 30 % des hommes étaient analphabètes en 2005.

Les Nations unies pour le développement, tirent la sonnette d'alarme sur le monde arabe, rédigé par des intellectuels arabes et publiés en 2004 : ils relèvent de grands déficits et dressent une longue liste des retards, notamment, accumulation médiocre des connaissances, faiblesse des capacités d'analyse, de l'esprit créatif, de l'ouverture sur le monde, de la recherche fondamentale. Il recommande donc de renouer enfin avec l'esprit de l'âge d'or, pour retrouver la modernité perdue.

Ceci explique en partie, toute la violence que nous connaissons dans des périodes récentes, avec la pauvreté et le manque de perspectives d'avenir et qui ont conduit certains à des atrocités, indignes du monde civilisé.

QUEL HÉRITAGE LES ARABES ONT-ILS, LÉGUÉ À L' ESPAGNE

L'invasion musulmane de la péninsule ibérique en 711 déclenche dès 722, un processus de reconquête chrétienne des territoires occupés.

Cependant, la présence arabe en Espagne a duré plus de sept siècles, jusqu'à la prise de Grenade, dernier royaume musulman, par les Rois Catholiques, en 1492. Durant cette période, une cohabitation s'installe entre chrétien et Islam, modèle de métissage et de prospérité dont l'héritage est encore sensible de nos jours.

Outre le patrimoine architectural et les rythmes de la musique arabo-andalouse, il reste ce goût pour les jardins et patios dont les murs sont revêtus d'azulejos, produits par d'habiles artisans arabes, que les Andalous ont si bien intégrés dans leurs demeures, bâties autour d'un patio central qui préserve de la grande chaleur.

On peut aussi observer le fameux Tribunal de las Aguas valencien toujours en vigueur de nos jours. Le tribunal des Eaux est la plus ancienne institution de Justice d'Europe. Il a été créé par Al Hakim Al Mostansir Bibal en 960, période de paix dans la Péninsule.

On leur doit aussi l'introduction du jeu d'échecs, el ajedrez, mais aussi le célèbre turrón d'Alicante, sorte de nougat indissociable de nos fêtes de Noël, comme l'est tout autant dans la région de Valence, la hochata de chufa, (l'orgeat de souchet), rafraichissement nutritif à base d'eau et de souchet, très apprécié en été.

Les avancées techniques introduites par les Arabes, ont rendu le système d'irrigation performant, grâce à la noria, roue à godets. Aux acequias, canaux d'arrosage, ou encore aux albercas, bassins de rétention d'eau. Toutes ces techniques ont permis de développer dans les régions de Valence et de Murcie, les cultures d'agrumes, de coton et de canne à sucre, qui font encore de nos jours leur spécificité.

Enfin, comme apport primordial, il faut mentionner les très nombreux emprunts linguistiques dont le castillan s'est enrichi, on en compte quelque 4 000. Ce sont les termes liés à l'agriculture, comme arroz (riz), aceituna (olive) azahar (fleur d'oranger).

À la production locale, aceite (huile), à l'organisation administrative et politique, alcalde (maire), cacique (chef), à la construction, azotea (terrasse), albañil (maçon), à la fortification, alcázar (forteresse).

Tout ce riche héritage, révélateur de la vie économique et sociale de l'époque, perdure et a été totalement intégré dans la culture espagnole tout en contribuant à son épanouissement, ainsi que tout ce qui a déjà été indiqué plus avant dans le livre.

Cette période est souvent citée en exemple de cohabitation fructueuse et pacifique, entre les trois grandes religions monothéistes, ouvertes, voire perméables les unes aux autres. Ainsi, sous le signe de la tolérance, se côtoyaient pacifiquement, les Musulmans, les Chrétiens et les Juifs. Ce dont nous rêvons aujourd'hui, il faut bien le souligner.

Cette liberté de culte allait de pair avec le brassage des populations.

Par exemple, juifs et chrétiens convertis à l'islam cohabitaient avec des chrétiens arabisés appelés Mozarabes qui continuaient à pratiquer la religion catholique.

Du côté musulman, les Mudéjares avaient conservé leur religion, à la différence des Morisques qui s'étaient convertis au christianisme.

L'émir Abd-Al-Rahmân III se proclame en 929, calife d'Occident, indépendant de celui de Damas, et fait de Cordoue sa capitale économique, scientifique et intellectuelle.

Cette civilisation, à son apogée, tendait un pont entre Orient et Occident.
Son éblouissante expansion a laissé son empreinte sur ses imposants monuments. Avant tout, la Mezquita, la Grande Mosquée aux 850 colonnes, chef-d'œuvre classé au Patrimoine de l'humanité, résume à elle seule toute la gloire de Cordoue. La ville comptait un million d'habitants, une vingtaine de quartiers, plus de 500 mosquées, 600 bains publics et 800 fontaines quand le reste de l'Europe méconnaissait l'hygiène.

Au pied de la sierra Nevada, Grenade, sa voisine, pavoise toujours avec l' Alhambra dont le nom signifie, la Rouge, comme la couleur de ses murs. Cette forteresse, austère de l'extérieur, cache, dans son écrin de verdure aux nombreuses fontaines, un palais des mille et une nuits où azulejos, stucs et bois rivalisent de finesse, et de beauté.

L'histoire du commerce
en Europe

La désagrégation de l'Empire romain, et la constitution à l'Ouest de l'Europe d'États germaniques, les invasions barbares, firent succéder à la centralisation romaine un état politique tout autre. Elles eurent aussi, pour résultat d'isoler presque l'occident de l'orient. L'histoire commerciale du Moyen-âge comprend donc, comme l'histoire politique médiévale, deux groupes de faits bien distincts, ceux qui sont relatifs au commerce de l'Orient, et ceux qui sont relatifs au commerce de l'occident. Nous les exposerons tour à tour dans l'ordre suivant :

En premier lieu, nous parlerons de l'Empire Byzantin, qui prolongeait l'Empire romain en orient. Puis des Arabes qui s'étendirent jusqu'en occident, mais restèrent un peuple oriental, puis des Italiens dont les grandes villes commerciales servirent d'intermédiaire entre l'orient et l'occident. Viendront ensuite les nations franchement occidentales, les Pays-Bas qui furent au Moyen-âge le centre économique de l'Europe occidentale, la France, l'Allemagne, qui par la Hanse centralisa de la mer du Nord, Angleterre, et de la Baltique Pays scandinave.

Après la chute de Rome, l'empire d'Orient conservait, à l'est, les traditions antiques. Le commerce de Constantinople qui grâce à son admirable situation, avait déjà joui d'une grande prospérité commerciale, sous le nom de Byzance, remplaça Rome, comme métropole non seulement politique, mais commerciale. Non que l'activité commerciale animât sa population, sans les étrangers, Constantinople ne fut pas devenue un grand entrepôt. Le commerce des denrées les plus nécessaires à la vie fut déclaré monopole de l'État, et les autres branches du commerce intérieur ne furent pas moins entravées.

Mais, sur ce grand marché les Italiens et les Arabes, les Allemands et les Slaves, se donnèrent rendez-vous et déterminèrent un mouvement d'affaires considérables. Le commerce byzantin peut se diviser, d'après les routes qu'il suivait, en trois branches. Le commerce de l'Orient, celui de l'Occident, et celui du Nord. Les relations avec l'Orient sont en fait de très grande importance.

Sous le règne de Justinien, deux moines apportèrent de l'Inde à Constantinople des vers à soie soigneusement enfermés dans une canne, et introduisirent en Grèce, la nouvelle industrie qui ne tarda pas à prospérer. La fabrication de la soie s'établit à Constantinople, à Athènes, à Corinthe d'où elle allait passer en Italie, puis en Espagne.

À cette époque, le peuple arabe est composé d'une grande partie de nomades, mais sur le littoral duquel fleurissaient depuis longtemps la navigation et le commerce. Il étendait, avec une rapidité inouïe, sa domination, d'un côté jusqu'à l'océan Atlantique, de l'autre jusqu'aux frontières de la Chine. Le Coran recommande le commerce et l'industrie comme des occupations agréables à Dieu. Aussi, chacune des conquêtes Arabes en était une aussi pour le commerce. Partout où ils pénétraient, ils portaient la vie et le mouvement. Les caravanes voyageaient sans obstacles au milieu de leurs armées. Un fait, qui existait déjà pendant l'Antiquité, notamment chez les Indiens et chez les Égyptiens.

L'association de la religion avec le commerce, se retrouve chez les Arabes sur une plus grande échelle. Dans les chefs-lieux des provinces, on éleva des mosquées, on fonda des écoles. À cause de cela, ces localités virent augmenter leur population, et devinrent des centres religieux et commerciaux.

Les pèlerins venaient de loin tant pour remplir leurs devoirs de piété que pour échanger leurs marchandises. Le plus célèbre des pèlerinages était celui de la Mecque.

Diverses dispositions pleines de sagesse prêtaient assistance aux caravanes, nécessaires en Asie et en Afrique principal théâtre du commerce des Arabes.

Ainsi, le gouvernement avait des sommes considérables à la construction et à l'amélioration des routes. Il fait creuser des puits, établir des hôtelleries.

La plus belle période des Arabes, est celle de la puissance des Abbassides, du VIIIe au Xe siècle. Tel est à peu près le temps que dure leur vaste commerce, c'était à peu près, tout le commerce dans l'Ancien Monde.

L'Espagne, la Sicile, la Sardaigne, et une partie de la côte méridionale de l'Italie, sont alors soumises aux Arabes. En Afrique, ils dominent, plus loin qu'aucun peuple avant et après eux. Ils en explorent l'intérieur avec plus de soin et de suite que les Carthaginois et les anciens Égyptiens.

En Asie, l'étendard du Prophète ne s'était arrêté que devant la barrière naturelle des grandes steppes habitées par les nomades. S'étendant, en remontant l'Indus, vers l'Himalaya et au-delà de la mer d'Aral, et de la mer Caspienne, l'empire des califes embrassait, à part les provinces grecques de l'Asie mineure, toute la zone historique de cette partie du monde.

Sur cet immense domaine, il existait une grande diversité dans les productions du sol, comme dans les facultés, les goûts et les besoins des habitants. Autant de conditions favorables pour les échanges. Lien entre les deux extrémités de l'Ancien Monde, les Arabes ont apporté la boussole, de Chine en Occident.

Avant d'aborder l'histoire du commerce des différentes régions de l'Europe, il faut dire un mot des Juifs que le commerce du Levant avait amenés et dispersés dans tous les pays privés de leur nationalité propre et, répandus partout, depuis la Chine et l'Inde jusqu'en Espagne et aux îles Britanniques. Ils ont joué un grand rôle dans l'histoire du commerce, sans insister ici, sur les raisons qui leur firent conserver leur caractère spécial, nous constaterons qu'une des plus efficaces fut le mépris où on les tenait, mis à l'écart, privés de droits politiques, ils furent contraints de tourner leurs activités vers le commerce et les affaires financières.

Confinés dans cette fonction d'intermédiaire, et d'autant plus vilipendés, ils s'adonnèrent en particulier au prêt de l'argent, très lucratif à cause de la rareté du numéraire. Protégés par les princes à qui ils servaient de banquiers, leur sort fut très variable selon les temps et les pays.

Dès l'époque mérovingienne, ils sont répandus partout, ceux des ports français de la Méditerranée, s'adonnant au commerce du levant, étaient riches, presque aussi heureux que leurs coreligionnaires d'Espagne sous les Maures, ceux de l'intérieur, confinés dans le petit commerce, l'étaient bien moins.
Dans toutes les villes, ils habitaient un quartier spécial, à Paris autour du Petit-Pont.

En Bourgogne, ils faisaient le commerce des vins, mais ne possédaient que rarement la terre. Maudits comme usuriers, en France, en Allemagne, en Angleterre, ils furent souvent persécutés et dépouillés par les rois et finalement expulsés, en 1290 d'Angleterre, en 1306 et 1396 de France, en 1492 d'Espagne.

On sait, que les papes les toléraient à Rome, qu'ils se maintinrent au Portugal, en Allemagne et en Hollande où on les traita avec tolérance.

On leur attribue de grands progrès dans l'organisation du crédit, notamment des lettres de change, qui remontent au Moyen-âge.

L'extrême variété des monnaies du Moyen-âge, les altérations constantes, donnaient au change et aux banques, banques d'escompte et de prêt, une importance vitale.

En Europe occidentale, les artisans vivaient dans l'horizon étroit de leur ville natale et travaillaient sous les ordres des marchands, qui leur fournissaient la matière première et exportaient les produits fabriqués. Ce furent leurs commandes qui allaient stimuler l'activité de toute l'économie européenne.

Jusqu'au XIe siècle, il n'y eut guère d'autre commerce que le commerce local, et il était sans importance. L'écrasant fardeau de l'anarchie féodale paralysait la vie économique. Chacun vendait sur place les produits de son champ et de son atelier. On avait une véritable horreur, pour le regrattier, autrement dit l'intermédiaire, et on le regardait comme une sorte de vol de bénéfice qu'il ne pouvait pas manquer de s'attribuer en revendant plus cher les denrées.(les époques changent, mais la contestation perdure...).

Quand les villes grandirent, il fallut bien admettre l'ouverture de boutique de regrattiers. Dans l'intervalle des marchés, les citadins avaient besoin d'acheter des œufs, du beurre, des légumes. Les merciers qui vendaient toutes sortes d'objets venus des pays étrangers, les changeurs qui faisaient le commerce des monnaies n'étaient pas des fabricants. Le commerce local, malgré ses progrès, resta d'ailleurs bien secondaire.

Le commerce inter-urbain se heurtait à des obstacles qui avaient été presque infranchissables dans les premiers siècles du Moyen-âge, et qui restèrent très gênants jusqu'à la fin. Les routes étaient fort mal entretenues, les ponts très rares tombaient en ruine.

Il se forma des associations de moines et de laïques charitables pour la construction et l'entretien des ponts, ainsi fut édifié à la fin du XIIe siècle le fameux pont d'Avignon. Mais que pouvaient les efforts des frères pontifes contre l'incurie générale des rois et des seigneurs ?.

Les auberges étaient très espacées et les régions montagneuses en étaient totalement dépourvues. L'Église remédia en partie au mal en établissant dans ces contrées déshéritées des hospices, comme celui du Grand-Saint-Bernard et des refuges.

Le banditisme féodal était une entrave plus dangereuse encore. Au XIIIe siècle, le roi de France rendait les seigneurs responsables des vols à main armée commis sur leurs territoires, du moins entre le lever et le coucher du soleil. Mais, il ne pouvait complètement empêcher le banditisme. Joinville se plaint de la multitude des malfaiteurs et larrons, qui infestaient Paris.

En Allemagne, les Raubritter, chevaliers-brigands, avaient beau jeu. Sur les côtes bretonnes se pratiquaient, dit-on, la sinistre industrie des naufrageurs, qui attiraient les vaisseaux sur les rochers en allumant des feux trompeurs.

Les seigneurs faisaient peut-être plus de mal encore en arrêtant à tout moment ceux qui transportaient des denrées pour leur faire payer un droit de passage, appelé péage ou coutume.

Même quand ces droits n'étaient pas élevés, la manière dont ils étaient perçus les rendait vexatoires et parfois ruineux.

Les péages mettaient le vin en perce ou fouillaient les paniers de marée fraîche pour choisir quelques beaux poissons et détérioraient ainsi la marchandise. La royauté et l'Église elles-mêmes entravaient le commerce, l'une en faisant varier fréquemment la valeur des monnaies, l'autre en interdisant le prêt à intérêt, sauf le prêt en commandite. Le commerce de l'argent fut ainsi abandonné aux Juifs, à qui toute autre profession était interdite. C'était la plus risquée.

De leur côté, les gens de Cahors trouvèrent d'ingénieux artifices pour échapper aux prescriptions de l'Église et ne montrèrent pas moins d'âpreté dans le négoce des Juifs.

Malgré tant de difficultés et d'entraves, le commerce fit de rapides progrès aux XIe, XIIe, et XIIIe siècles. Il se produisit alors une véritable renaissance de la civilisation dans l'Europe occidentale. Les pèlerinages et les croisades la mirent en contact avec l'Orient, qui était alors plus instruit, et plus, riche.

La Méditerranée devint un grand foyer d'affaires Venise, Gênes, Pise établirent des comptoirs dans les ports de la Méditerranée orientale et de la mer Noire.

Marseille, Montpellier, Narbonne, Barcelone suivirent le mouvement. Les marchands européens allèrent chercher à Alexandrie, à Trébizonde en Syrie, les produits de l'Orient et de l'Extrême-Orient, soieries, mousselines, parfums, médicaments, plantes tinctoriales, ivoire, pierres précieuses, et surtout les épices, clous de girofle, cannelle, muscade, poivre, si recherchées alors pour relever le goût des mets et des boissons.

Ils fournissaient aux Orientaux des draps de Flandre, des armes, du vin.

Au XIIIe siècle, les Européens se mirent à fabriquer des tissus de luxe, des tapis, des glaces, du sucre, à l'imitation des Orientaux. En même temps, l'ordre rétabli par les princes facilitait les progrès de l'activité commerciale.

Tandis que le commerce des marchandises de luxe enrichissait les ports méditerranéens, un autre foyer commercial se formait dans les mers du Nord. Il ne devint important qu'au XIIIe siècle. Les ports de la mer du Nord et de la Baltique, Bruges, Amsterdam, Londres, lübeck, Brême, Hambourg, Bergen, Riga, échangeaient les lainages de Flandre, la laine et les peaux d'Angleterre, les bois de Norvège, les minerais de Suède, les fourrures et les cuirs de Russie. Les harengs de la Baltique nourrissaient les peuples en carême.

La ville de Bruges était le grand port du Nord. Elle eut jusqu'à 150 000 habitants, et le luxe de ses bourgeoises humilia une reine de France, la femme de Philippe le Bel.

Entre les deux groupes de mers intérieures, s'établissaient plusieurs courants transcontinentaux. Le principal partait de Venise, passait les Alpes au col du Brenner et descendait la vallée du Rhin. Un autre suivait la voie naturelle que dessinent à travers la France, les vallées du Rhône, de la Saône, de la Seine ou de la Marne. Les marchands suivaient autant que possible les voies fluviales, mais, ils prenaient aussi les routes de terre.

Ils se formaient en caravanes, pour mieux résister aux brigands, et au besoin achetaient aux seigneurs des sauf-conduits.

Des marchés importants se formaient aux croisements des routes, à Lyon, Toulouse, Orléans, Paris, Reims, Bâle, Cologne.

Enfin, l'Océan Atlantique mettait Bayonne, Bordeaux, Nantes en relations avec Londres et Bruges.

Au XIVe siècle, les vaisseaux vénitiens allèrent directement y porter les épices. Pour s'entraider et lutter ensemble contre les ennemis du commerce, les marchands formèrent des associations.

Dans le Nord, c'étaient des corporations appelées ghildes ou guildes et hanses. Elles étaient plus riches, plus libres, plus hardies que les corporations d'artisans ou de petits boutiquiers. C'est d'elles que vint d'ordinaire l'initiative du mouvement communal. Elles se faisaient donner le monopole du commerce dans une certaine région.

Ainsi la hanse des marchands de l'eau, à Paris, était seule maîtresse de la navigation de Montereau à Nantes, la hanse des Bourguignons régnait de même sur la haute Seine, et la guilde de Rouen sur le cours inférieur du fleuve.

La hanse parisienne tenait dans la vie de la cité une telle place qu'elle constitua la municipalité de Paris. Son chef, le prévôt des marchands, acquit sur le peuple parisien l'autorité d'un maire, et l'emblème de la hanse, un vaisseau, figure sur les armoiries de la Ville de Paris.

Dans les villes du midi, se formèrent entre les marchands des associations plus étroites de véritables compagnies de commerce.

Des sociétés italiennes, les Anguisciola, les Perruzi, les Frescobaldi, avaient en France en Allemagne, en Angleterre, des bureaux et des magasins.

Ces puissantes maisons, pour éviter les transports numéraires, toujours dangereux se servirent de lettres de change. On a trouvé trace d'une lettre de change du 15 février 1200, et tirée de Messine sur Marseille.

Les marchands du Midi, quand ils se retrouvaient dans une ville lointaine, y formaient des groupes régionaux et se donnaient un chef, un représentant qui put parler en leur nom aux autorités locales. On appelait cet élu des négociants, le capitaine dans les villes du Nord, le consul de mer dans le Levant. C'est l'origine des consulats d'aujourd'hui.

Enfin, il se forma des associations beaucoup plus larges, qui groupaient non des marchands, mais des villes marchandes. Toutes celles qui envoyaient des produits aux foires de Champagne constituèrent au XIIIe siècle la Hanse des dix-sept villes, qui finit par en comprendre soixante.

Les villes de Flandre, Gand et Douai exceptée, formèrent pour le commerce en Angleterre, la Hanse de Londres, qui avait Bruges pour chef-lieu. Beaucoup plus importante encore fut la Hanse teutonique ou Ligue Hanséatique, qui devait jouer au XIVe siècle, un si grand rôle dans les pays du Nord.

Les marchands se donnaient rendez-vous dans des marchés ou dans des foires. Le type du marché permanent était celui de Paris, installé aux Halles. Presque toutes les corporations y avaient leurs places réservées et un jour spécial de vente. Le vendredi pour les merciers, le samedi pour les drapiers.

Ce jour-là, les boutiques du métier devaient se fermer dans Paris. Des marchands de tout le nord de la France fréquentaient ces halles, dont les chroniqueurs peuvent admirer l'animation et la richesse.

Les foires étaient des marchés périodiques qui se tenaient à date fixe, marquée par des fêtes religieuses. Chaque pays avait les siennes, l'Allemagne à Francfort-sur-le-Main, le Midi à Beaucaire au point de rencontre de la navigation fluviale sur le Rhône et de la navigation méditerranéenne, l'Angleterre près de Cambridge.

Près de Paris, dans la plaine Saint-Denis, se tenait pendant quinze jours, à partir du 11 juin, la foire du Lendit, où chaque ville de France était représentée. L'Université de Paris ouvrait la foire en y allant processionnellement, recteur en tête, faire sa provision de parchemins. Mais, les plus fameuses de toutes étaient les foires de Champagne.

Ce pays était bien placé pour commercer avec la région parisienne et normande, la Flandre, les pays rhénans, la vallée du Rhône et l'Italie.

Les comtés de Champagne prenaient de grandes précautions pour assurer la sécurité des commerçants. Ils châtiaient les seigneurs qui ne voulaient pas ou ne savaient pas les protéger au passage, en écartant des foires leurs sujets jusqu'à ce que les coupables fussent punis.

Le maître des foires et divers agents rendaient la justice, assuraient l'ordre, veillaient à la bonne qualité des marchandises, à la justesse des poids, au paiement des effets de commerce.

Les débiteurs insolvables étaient dépouillés de leurs marchandises et ne pouvaient reparaître sans s'être acquittés, de leur dette.

La foire se tenait successivement à Lagny à Bar-sur-Aube, à Provins, à Troyes, puis une fois encore à Provins et à Troyes.

Chacune d'elles durait six ou sept semaines. La première semaine était consacrée au déballage et à l'installation. Sur le champ de foire s'alignaient en longues files les hangars et les tables ou devaient s'étaler les marchandises. Puis on vendait des tissus pendant dix jours, c'étaient les jours de draps, lainages de Flandre, tapis d'origine arabe, toiles de France, cotonnades, soieries, mousselines du midi et de l'Orient.

À la fin du dixième jour, les agents du comte criaient : Hare ! Hare !, et c'était le tour des cuirs et des fourrures, puis des épices.

Enfin les changeurs Juifs et Lombards dressaient leurs tables et leurs balances et chacun venait demander la monnaie de son pays. Pendant toute la durée de la foire, c'était une agitation, un vacarme incessant. On entendait parler toutes les langues de l'Europe.

Les jongleurs, bateleurs, musiciens et prostitués pullulaient. Très brillantes au XIIIe siècle, les foires de Champagne eurent beaucoup à souffrir des mauvaises mesures financières des derniers Capétiens et la guerre de Cent Ans les fit disparaître.

L'Europe occidentale et, en particulier la France, étaient donc arrivées au XIIIe siècle à un degré élevé de prospérité et d'activité économiques.

Il y avait une grande différence entre l'animation de la vie commerciale au temps de Saint-Louis et Philippe le Bel, et la sombre époque d'anarchie, de misère, de famine, que les pays occidentaux avaient vécue pendant les trois siècles précédant.

Parmi les causes de l'essor du commerce médiéval, il faut compter certains progrès techniques accomplis dans le domaine des moyens de transport. Pour le transport terrestre, les avancées du ferrage, du harnachement et de l'attelage à la file des chevaux forment un progrès.

Ces innovations furent complétées par le cerclage de fer des roues des charrettes et des chars, ainsi que par l'augmentation des routes pavées. D'autres améliorations se produisirent plus tardivement. Au XIVe siècle apparurent les sangles suspendant les caisses des charrettes et les avant-trains tournant autour d'un essieu.

Depuis, Rome, comme « centre nerveux », de nombreuses voies et chaussées rayonnaient suivant des tracés qui pouvaient atteindre n'importe quel point de l'Empire, y compris le plus éloigné, et au long duquel les voyageurs pouvaient bénéficier d'un remarquable système de relais pour les chevaux et d'auberges pour se reposer.

Lors de la chute de l'Empire romain, le changement qui s'opéra, s'il ne fut pas brutal, suivit cependant un lent processus de détérioration et d'abandon qui se prolongera durant plus de deux siècles.

Concrètement, depuis le règne de l'empereur Caracalla, jusqu'au troisième siècle de notre ère, Rome avait cessé de se préoccuper de l'entretien du réseau secondaire de routes. Seules, les grandes voies qui partaient de Rome bénéficiaient de ces tâches vitales, les relais fonctionnaient, et les auberges bien que se raréfiant demeuraient ouvertes.

L'immense réseau de voies de communication élaboré par les Romains, cette œuvre parmi les plus colossales de l'ingénierie civile de tous les temps, devait malheureusement disparaître avec le collapsus de l'Empire.

Au VIIe siècle de notre ère, les grandes voies romaines, déjà fortement détériorées, restaient néanmoins le meilleur et le plus fréquenté des moyens de communication de l'époque. Ce furent les voies romaines qu'empruntèrent en priorité de nombreuses tribus barbares, pour envahir l'Empire à partie du IVe siècle, avec leurs pesants chariots tirés par des bœufs, bétail et esclaves, sans compter les femmes, les enfants et de redoutables guerriers montés à cheval.

D'après les chroniques de l'époque, en Europe et dans la première moitié du VIIIe siècle, ces voies ou ce qu'il en restait furent délaissées au profit des voies strictement vicinales. Les villes, les cités et des villages entiers connaissaient alors une désertification en masse. Cette période coïncide avec le début du féodalisme.

Dans la seconde moitié du VIIIe siècle sur le Vieux Continent se produisit un renouveau de l'activité commerciale, intellectuelle et religieuse initié par l'empereur Charlemagne, personnalité dominante du Haut Moyen-âge, période qui s'étend du début du Ve siècle jusqu'à l'aube du XIIe siècle.

L'Empire Carolingien, maintenu par les successeurs de Charlemagne devait durer presque un siècle et demi au cours duquel, il connut une authentique renaissance qui s'affirma dans la première moitié du IXe siècle.

Les routes de l'Europe au cours de ces longues périodes furent à nouveau fréquentées.

Mais, c'en était fini des antiques chaussées romaines. Le temps avait fait son œuvre d'une part, et, après le passage successif des Barbares et des paysans, elles avaient été saccagées et pillées, car le matériau dont ces voies étaient faites, de blocs de pierre d'excellente qualité s'était révélé d'une grande utilité pour la construction des habitations.

De nombreux manoirs furent construits à partir de la pierre extraite des chaussées romaines. Toutes ces raisons firent qu'il restait bien peu de chose des larges voies qui traversaient jadis les montagnes et franchissaient les rivières sur des ponts ingénieux, la plupart détruits. Les chemins et les sentiers de l'Empire carolingien, s'ils s'inspirèrent de la voie romaine étaient beaucoup plus modestes.

Le féodalisme avait fait de timides apparitions dans la première moitié du VIIIe siècle, voici qu'il resurgit avec toute sa vigueur au début du Xe siècle. À cette époque, le système féodal de vassalité prédomine en Allemagne, en Angleterre et dans une grande partie de la France.

Système rigide dans lequel le paysan, serf de la glèbe, devait se plier au joug de la terre.

Les grands seigneurs féodaux, régnaient au sommet, propriétaires d'immenses territoires et auxquels devaient se soumettre d'autres propriétaires moins bien nantis, les vassaux.

Le féodalisme est un système très local qui est quasiment indépendant de l'extérieur. Les seigneurs assurent la protection des vassaux, car les routes ne sont plus très sûres. De ce fait, le Xe siècle fut la période la plus obscure de l'histoire de l'Europe.

Les chemins se vidèrent de leurs voyageurs, seuls les troupes de soldats les parcouraient, lors d'inévitables incursions guerrières.

Les cités et les villes laissées à l'abandon, ressemblaient alors à des fantômes de pierre. Rome qui, un siècle avant notre ère, avait hébergé un demi-million de personnes, selon les calculs les moins optimistes ne recensait au Xe siècle pas plus de cinquante mille âmes, soumises à toutes sortes d'actes de violence et d'humiliation de la part d'une noblesse avide.

Malgré tout, à partir de la moitié du XIe siècle, l'activité commerciale commença à redonner des signes de vie. Le chemin de Santiago, qui conduisait jusqu'aux confins du Nord-est de l'Espagne, là où la légende, reposait les restes de l'apôtre Jacques le Majeur, devint la route la plus fréquentée d'Europe.

Les pèlerins partant de France traversaient les Pyrénées pour aller se recueillir sur la tombe du Saint-Apôtre. Le chemin de Compostelle, ou chemin français, était surveillé de manière efficace par le célèbre ordre militaire des Templiers, et ses chevaliers avaient pour mission de nettoyer le chemin des pillards et des malfaiteurs, bandits de grands chemins et filous de tout poil qui le hantaient.

En fait, ce zèle se confondait parfois avec quelques excès, à tel point qu'en deux occasions le Pape dut mettre un frein à l'excessive ferveur de certains chevaliers.

En plus des pèlerins qui voyageaient habituellement à pied et par groupes peu nombreux, beaucoup d'autres voyageurs en transit empruntaient le chemin français : montreurs, acteurs, ambulants, bambocheurs, femmes de mauvaise vie, arracheurs de dents, barbiers, drapiers, commerçants en vin, marchands de bois, vendeurs d'eau, vendeurs de reliques, toutes certainement fausses. Toutes sortes de prêtres et de frères, les membres d'ordres mineurs tel celui des frères mendiants.

Le grand commerce médiéval bénéficia des progrès réalisés dans la construction des navires et dans l'apparition de nouveaux instruments de navigation. L'innovation la plus importante fut la diffusion de la boussole. Son origine reste incertaine. Si les Chinois la connaissaient depuis longtemps, ce sont peut-être les Arabes qui l'introduisirent en Europe, à moins qu' elle ne soit redécouverte par des marins ou des astronomes occidentaux. L'aiguille magnétique qui flottait simplement, au début, sur l'eau ou sur l'huile fut, par la suite, fixée sur un pivot permettant de tourner la boussole dans toutes les directions.

Les marins pouvaient désormais affronter la haute mer sans craindre de se tromper de cap. Outre la boussole, on commença à utiliser deux instruments ramenés par les Arabes, l'astrolabe et le sextant, qui permettaient de mesurer la hauteur des astres au-dessus de l'horizon.

En calculant exactement le temps passé à naviguer, on pouvait déterminer avec précision la distance que le navire avait parcouru vers le nord ou le sud, vers l'est ou l'ouest. Profitant de ces améliorations, les Génois furent les premiers européens, à la fin du XIIIe siècle, à relier par voie maritime l'Italie aux Flandre et à l'Angleterre.

À cette époque, le navire type était la galéasse. Cette galère se déplaçait principalement à la voile. L'apparition de la voile latine triangulaire, qui pouvait être orientée dans toutes les directions permettait au navire de naviguer par vent de travers, et même contre le vent.

Le gouvernail de poupe, fixé par des charnières au milieu du pont arrière du navire, gouvernail d'étambot, remplaça les rames latérales, longues et pesantes, les manœuvres en furent améliorées.

La vergue, support en croix de la voile, tournante permit d'orienter au vent de côté les voiles carrées. Sur certains voiliers, un second mât à l'avant commençait à faire son apparition.

Comme nous l'avons déjà vu, la chute de l'Empire romain, provoqua l'effondrement des routes de communications. Le commerce par voie de mer pendant, l'Empire romain germanique était considérable.

Les provinces de l'empire ne cessaient d'échanger leurs marchandises, la Méditerranée était alors balayée par les grands quinquérèmes et trirèmes. Ainsi, le blé d'Égypte servait à approvisionner le port d'Ostie qui permettait la survie de Rome.

Vers l'an 250, la fabrication de grands trirèmes cessa, et la navigation n'eut plus cours.

Tous ces échanges commerciaux, donnèrent des idées, aux Pirates Barbaresques, corsaires, siciliens et maltais, qui occupèrent la Méditerranée pendant des siècles. Si bien qu'à l'apparition des Vikings sur les côtes européennes, aucune puissance ne pouvait rivaliser sur mer.

Génois et Vénitiens se firent une lutte acharnée pour dominer en Méditerranée. Les Portugais, de leur côté, après l'invention de la caravelle étaient plus en proie à la quête de terres nouvelles et de marchés lointains.

Le commerce des épices fut un monopole portugais pendant longtemps. Ce petit pays côtier de la péninsule ibérique était devenu le royaume le plus riche d'Europe. Cela donne une idée de l'importance de la navigation commerciale. Nous sommes alors à la moitié du XVe siècle et le Moyen-âge touche à sa fin.

Et, c'est aussi la fin d'Al-Andalus, avec une méditerranée de tous les dangers.

La Finance italienne et les Premières Banques

Le mot banque apparaît dans la langue française au milieu du XVe siècle. Du Ve au XIe siècle, l'activité de changeur de monnaie, qui demeure d'ailleurs la fonction essentielle des banquiers, se développe compte tenu de la prolifération des devises. Les banquiers lombards, qui sont à l'origine des marchands de céréales, apportent alors deux innovations fondamentales, à la base de l'essor du capitalisme occidental.

Le compte à vue, rendu possible par l'invention concomitante de la comptabilité en partie double et la lettre de crédit. Désormais, les marchands peuvent circuler et commercer plus sereinement, sans avoir à transporter des sommes importantes sur les routes encore peu sûres d'Europe.

À partir du XIIe siècle et des croisades, ces marchands lombards se rassemblent dans des guildes, ne devenant réellement des banquiers qu'à la fin du XIIIe siècle, lorsqu'ils inventent des fonctions juridiques pour pouvoir pratiquer le prêt à intérêt. Les premières banques sont familiales, citons les Médicis en Italie, les Fugger en Allemagne qui ouvrent des établissements bancaires dans les grandes villes. Comme le précise Jean Favier, la banque est née du commerce, de ses besoins, comme de ses opportunités.

Mais, les grands financiers s'enrichissent de leurs relations avec les pouvoirs. Les Médicis sont les financiers de l'Église de Rome pour le bénéfice de laquelle ils collectent et centralisent la dîme ecclésiastique.

Le dogme chrétien qui considérait l'usure comme un péché, n'est plus respecté, l'introduction de la notion nouvelle de purgatoire, permettant ce relâchement théologique.

Il n'est plus question de laisser aux Juifs l'exclusivité de la rente de crédit. Les Fugger jouent leur rôle auprès de Charles Quint, alors qu'il est le banquier principal de l'Europe germanique.

La faillite de Fugger suivra celle de l'échec impérial de Charles Quint. La banque d'Amsterdam suit de près la fortune politique des Orange.

Une différence sociale s'établit entre les prêteurs à cette époque. Les Juifs prêtent généralement pour les pauvres, les petits commerçants bourgeois chrétiens pour des classes plus aisées, les grands marchands italiens de céréales prêtent aux plus riches (Cahorsins et notamment Florentins, qui prêtent aux grands princes).

À la Renaissance, parallèlement au développement de ces banques familiales privées, se créent les premières banques publiques. L'invention de la presse à vis, permet de produire des pièces plus artistiques et plus difficiles à contrefaire qui remplacent progressivement la monnaie-marchandise et permettant de mieux faire accepter la monnaie en espèces.

À partir du XVIIe siècle, le développement du papier-monnaie et des banques centrales révolutionnent le monde de la banque.

Au XVIIIe siècle, quelques faillites retentissantes, comme celle du système de Law ou la banqueroute des deux tiers avaient imposé les premiers principes de prudence, essentiels au bon fonctionnement de cette activité, fondée sur la confiance.

La Haute banque, des « Merchant bankers », traduis par les banquiers marchands, issus du XVIIIe siècle se distingue des banquiers locaux qui font de l'escompte et du prêt dans chaque commune. Des Dynasties familiales se constituent : Rothschild, Lazard ou Stern.

L'office de Saint-Georges, dont le nom officiel est : casa delle Compere di San Giorgo, est une institution financière de l'ancienne République de Gênes. C'est l'une des premières banques d'Europe, voire du monde. Il fut fondé en 1407, alors que Gênes était l'une des plus importantes Républiques maritimes. La banque resta en activité bien après le bas Moyen-âge.

L'ancien siège social était situé dans le Palais Saint-Georges. Ce bâtiment historique fut construit au XIVe siècle, sur ordre du doge de Gênes, Simone Boccanegra. Il est devenu aujourd'hui le bureau des autorités portuaires de Gênes. Un certain nombre de familles génoises dominantes furent impliquées dans l'établissement et le gouvernement de la banque, notamment la Maison de Grimaldi.

La banque fut régie par quatre consuls qui administraient ses finances et dirigeaient ses investissements dirigés. Du fait que les oligarques régnant sur la République avaient généralement la mainmise sur la politique bancaire, il est souvent difficile de déterminer les limites de l'influence de la banque dans le gouvernement.

De nombreux territoires génois d'outre-mer furent directement ou indirectement régis par la banque.

En 1453, la République remit la gestion de la Corse, des territoires de Crimée (Gazaria), et d'un certain nombre d'autres possessions au personnel de la banque. Cependant, au cours du XVe siècle, la République reprit graduellement le contrôle de beaucoup de ses territoires cédés à l'Office de Saint-Georges. La péninsule de Taman resta sous le contrôle de la famille des De Ghisolfi, mais leurs princes durent alors s'en remettre à la banque.

L'Office Saint-Georges prêta des sommes d'argent considérables à de nombreux dirigeants européens pendant les XVes et XVIes siècles, gagnant une influence croissante. Les rois catholiques avaient des comptes ouverts à la banque, de même que Christophe Colomb. Charles Quint était fortement endetté envers la banque durant la plus grande partie de son règne. Nicolas Machiavel prétendit que la banque conservait seule dans Gênes des Vertus antiques et dignes de vénération, et que, si elle était maîtresse de tout l'État, elle ne manquerait pas de faire de Gênes une république plus mémorable que celle de Venise.

Au XVIIe siècle, la banque s'impliqua fortement dans le commerce maritime, et pendant un certain temps, concurrença des entreprises telles que la Compagnie néerlandaise des Indes Orientales, et la Compagnie anglaise des Indes Orientales.

Ce qui a cette époque devait exciter des appétits, tels que les pirates et autres corsaires, devant tant de richesses, liées aux commerces très prospères.

Et après la reconquista ...

Barbaresque, est un terme tombé en désuétude au XIXe siècle qui désignait les pirates opérant dans le bassin méditerranéen, après la conquête musulmane qui fit de la Méditerranée, un vaste lac musulman.

La durée de leur activité en mer Méditerranée est telle, qu'elle peut être décrite depuis les premiers temps de l'Islam, alors associée à la conquête musulmane sur le continent européen, qui, une fois la péninsule ibérique prise, se prolonge par des incursions en Septimanie jusqu'à des prises de villes en Provence.

C'est par la seconde phase de l'ère coloniale que les puissances européennes vont mettre fin aux raids des pirates barbaresques, opérant depuis des cités de la côte sud de la Méditerranée, entre-temps passées sous domination ottomane.

Deux ports de Provence sont pris par les pirates, barbaresques, qui mènent ensuite des razzias sur les côtes alentour. Ils en seront finalement chassés, par des soulèvements populaires locaux provenant de l'intérieur des terres.

Majorque, est un port et un grand repaire pour les pirates, qui pilleront à plusieurs reprises les côtes de Provence. Ce sont les Catalans menés par Jacques Ier d'Aragon (Jaume Primer el Conqueridor, selon le nom pratiqué par l'historiographie catalane), qui prend l'île lors de la Conquête de Majorque.

Commence alors la domination de la couronne catalano-aragonaise, geste qui les mènent en Sardaigne, Sicile, puis Naples et enfin à la fondation de deux duchés (Athènes et Néopatrie) par des mercenaires expulsés par le roi de Sicile, après la prise de l'île, les Almogavares. Leur domination prend fin avec l'arrivée des Normands qui y fondent un royaume les « tolérants », y réalise un transfert entre les deux peuples notamment, amenant des progrès considérables dans le domaine cartographique.

Après la chute de Grenade en 1492, la Reconquista est terminée. Beaucoup de Maures refusent de vivre dans un monde chrétien et se réfugient en Afrique du Nord, base de départ de leurs ancêtres, le cœur rempli de haine contre la chrétienté. Ils n'ont qu'un seul désir, celui de se venger. Sur place, le peuple Berbère souffre de la défaite de l'islam andalou. L'émotion berbère, attisée par les marabouts, explique la piraterie, car faute de pouvoir lever des armées à la reconquête de l'Andalousie, les navires vont semer la terreur et la désolation sur les côtes ibériques, et ailleurs.

La piraterie barbaresque est d'abord et avant tout un djihad maritime, justifié par les guerres de prééminence religieuse entre l'islam et la chrétienté. La piraterie barbaresque, comme la piraterie chrétienne, s'intègre dans le contexte des opérations guerrières menées de part et d'autre.

C'est par la suite que les écumeurs des mers saisissent tout le profit que la Méditerranée peut leur apporter, car elle est un champ d'action propice aux rapines, à la traite des femmes, au trafic des esclaves.

De jour comme de nuit, sans trêve et sans relâche, les raïs d'Alger sillonnent toutes les mers à bord de leurs navires. Leur haine des chrétiens aboutit impitoyablement à une impressionnante série de coups de main, de harcèlement contre les convois maritimes de transport de troupes de pèlerins chrétiens à partir des côtes de Barbarie.

Au-delà de la piraterie proprement dite, ce nid de vipères disait-on, qu'était Alger attirait les trafiquants sans scrupule qui se chargeaient de rachat à vil prix des cargaisons capturées et des victimes infortunées qui finissaient aux fers sur les bancs de chiourme, au bagne et vendues au plus offrant sur le marché des esclaves.

Pendant plusieurs siècles, on ne trouvait dans le petit port de Llançà, que des barques de pêche à rames et à voile latine, cirée sur le sable de la plage, ainsi que des cabanes servant à abriter le matériel des pêcheurs. Les Llançaens avaient leurs maisons d'habitation au village, car le village, au Moyen-âge, était fortifié et pouvait ainsi les protéger des attaques extérieures des pirates arrivant par la mer en particulier. On retrouve la même structure d'ailleurs pour le Port de la Serva (le port), associé à la Selva del Mar (le village).

Il y avait des luttes, le nom de Llança est d'ailleurs un nom d'armes : les lances. Dans certains textes anciens, la vallée de Llança est désignée par : « La vallée des lances ».

Barcelone étant devenu un important centre d'échanges avec l'Orient aux XII et XIIIes siècles, après sa participation aux Croisades, l'économie de la Catalogne s'est développée.

Au XVIe siècle, les forges et les moulins se multiplient, le fer catalan s'exporte. Les pirates sévissent alors partout où le commerce est florissant et ils installent leurs repaires dans les anses rocheuses, le long des voies maritimes. La Catalogne restera une cible appréciée jusqu'au XVII siècle, époque à laquelle prend fin sa relative prospérité.

La piraterie ayant considérablement augmenté depuis que Constantinople était tombée aux mains des Turcs, le roi Philippe II ordonne la reconstruction du système de défense littoral. Cela ne décourage pourtant pas ces bandits des mers et, en 1581, il informe le Conseil municipal de Barcelone que le fameux corsaire Oxtali, venant d'Italie, se dirige avec 60 galères vers les eaux catalanes.

Barcelone envoie aussitôt des messages sur toute la Côte, Gaspar de Vallgonera, abbé de San Pere de Rodet, et Seigneur des Villages alentour, interdit alors aux pêcheurs de Llançà et Port de la Selva de sortir. La tactique de défense de Llançà est simple, mais efficace. Ses habitants repoussent une première attaque, puis se replient dans les montagnes.

Si le danger persiste, les villageois de l'intérieur du pays viennent à leur secours, d'autant plus qu' un édit de Gérone les y oblige. Ces hommes viennent pour une semaine ou deux, s'installent aux points stratégiques de la zone montagneuse, jusqu'à ce que tout danger ait disparu.

Quoique les Catalans ont bien organisé leur système défensif, en 1652, une trentaine d'hommes en armes de Llançà doit repousser une attaque de trois navires pirates. Llançà prévient encore en 1726, Cadaquès de l'arrivée imminente de flibustiers, mais, c'est la première fois que ce type d'évènement est relaté dans les chroniques du village. L'invention de la navigation à vapeur mettra un terme, en partie seulement, à la piraterie dans la région.

Les ports de Ceuta et Mililla grouillent de barbaresques avides de richesses.

L'occident chrétien assimile alors, les lieux aux côtes barbaresques, gardant en mémoire l'image laissée par les Vandales à Carthage auprès des historiographes chrétiens rentrés de Byzance.

Ces villes joueront un rôle jusqu'à la fin de la Reconquista, puisque les potentats qui y régnaient étaient fréquemment en guerre contre les Nasrides de l'émirat de Grenade. Les alliances stratégiques ne tiennent aucun compte de l'affrontement binaire auquel on pourrait penser de façon simpliste.

Les Grenadins s'allient aux Génois pour livrer bataille à ces villes, ils se sont coalisés aux Castillans pendant les périodes d'interruption du lien de vassalité entre les Nasrides et le roi de Castille et d'Aragon. Ces deux villes sont aujourd'hui une enclave de l'Espagne en territoire marocain, comprenant une zone frontalière spécifique.

Devenues bases de départ des caravanes de captifs pour les sérails, les cités du Sud de la Méditerranée sont depuis passées sous domination ottomane du fait du développement de l'empire turc sur le monde arabo-musulman.

Ces cités seront dominées jusqu'au XIXe siècle. Le développement économique de ces cités à l'activité de piraterie sur une très longue durée peut d'un certain point de vue les assimiler à des kleptocraties opérant sur le bassin méditerranéen.

Les pirates naviguent parfois au-delà du détroit de Gibraltar. De nombreuses fois au début du XVIe siècle, la Corse est victime de raids. C'est au cours de l'un d'entre eus que sera enlevé Pietro Paolo Tavera, le futur Hasan Corso.

En 1625, des corsaires attaquent les côtes de l'Angleterre et la Cornouaille.

En 1575, Miguel de Cervantès, le futur auteur de Don Quichotte, est enlevé à 27 ans par les pirates en Méditerranée. Il sera détenu pendant cinq ans à Alger.

Un roman d'Olivier Weber, le Barbaresque, relate cette captivité et les évasions manquées de Cervantès. Il sera délivré, suite au paiement d'une rançon payée par sa riche famille.

L'Islande est pillée en 1627. L'Irlande en 1631 est la proie d'une attaque dirigée par le renégat Jan Jans.

La réalité a une âme de romancière et la ville de Rabat recèle une histoire digne de Robert Louis Stevenson ou de Joseph Conrad. Elle a commencé au début du XVIIe siècle, à Hornachos, un village de la région espagnole d'Estrémadure, et se poursuit aujourd'hui dans la capitale du royaume du Maroc.

La ville de Rabat s'étend sur la rive gauche de l'oued Bou Regreg. Située sur l'autre rive, Salé est rattachée administrativement, et, par un port à la capitale.

Il y a quatre cents ans, la situation était tout autre. Salé était alors une ville de pieux musulmans, et sur la rive gauche, il n'y avait que les murailles d'un ancien ribat (camp militaire et religieux) abandonné, à l'extrémité de laquelle, sur l'embouchure même du fleuve, se dressait une casbah bien protégée. La ville de Rabat doit son nom au mot ribat, et l'ancien camp fortifié et sa casbah (citadelle), forment l' actuelle médina et la casbah des Oudaïas.

La casbah, avec ses hautes murailles, constitue une forteresse à l'intérieur de la forteresse. Mais, la médina n'a pas les dimensions saisissantes d'autres médinas marocaines. Ses ruelles étroites aux façades blanches, sur lesquelles se détachent des portes peintes en bleu, jaune, rouge, prolifèrent autour des cinq rues principales.

Les actuels protagonistes de cette histoire sont les Andalous de Rabat, des citoyens marocains qui se proclament avec fierté les descendants des musulmans expulsés d'Espagne au fil des siècles. Ils furent près de trois mille réfugiés morisques qui arrivèrent à l'embouchure du Bou Regreg au printemps de 1610 et finirent par fonder une légendaire république pirate indépendante, la république de Salé (ou république du Bou Regreg).

Les morisques étaient les descendants des musulmans qui étaient restés en Espagne après la chute du royaume de Grenade en 1492, et dont les Rois Catholiques s'étaient engagés à respecter la religion et les coutumes. Une promesse trahie, car on les obligea bientôt à se faire baptiser, ce qui les fit tomber, sous la surveillance de l'inquisition, laquelle avait des doutes sur la sincérité de leur conversion.

Après un siècle de persécution et de révoltes contre les autorités chrétiennes, Philippe III décide d'expulser toute la communauté morisque.

Selon, les spécialistes, près d'un million de gens durent quitter leur patrie après la publication du décret d'expulsion, le 22 septembre 1609.

Ce qui fait des Maures de la petite ville d'Hornachos un cas particulier, c'est que, au lieu de se disperser à leur arrivée en Afrique du Nord, ils restèrent unis, comme s'ils avaient transporté sur leurs épaules leur bourgade perdue d'Estrémadure. Ils longèrent les côtes marocaines et finirent par arriver à l'embouchure du Bou Regreg.

Il y a seulement dix ans, on pouvait encore entendre l'écho de leur passage dans les récits que s'étaient transmis les Rbatis.

Le professeur Ahmed Amin Bel-Gnaoui, raconte l'histoire de leur arrivée : « Les Maures étaient musulmans, ils priaient, ils respectaient les festivités, mais ils faisaient aussi des choses que les Salétains ne comprenaient pas. Ils portaient des pantalons au lieu de djellabas. Ils ne se rasaient pas la tête, mais ils se taillaient la barbe. Et certains, portaient la moustache. Pendant le ramadan, ils tuaient des agneaux, comme tout le monde, mais se comportaient de façon différente, et les Salétains se demandaient : « Ce sont des musulmans, ou pas ? ».

À cette méfiance instinctive, poursuit Bel-Gnaoui, venait s'ajouter le fait que les Morisques, étaient très qualifiés à tous points de vue, tant en matière d'artisanat, que de commerce ou d'agriculture, si bien que ce sont eux qui ont relancé l'économie de Salé. Mais, ils suscitèrent aussi des jalousies et de la méfiance.

Les Salétains décident donc de s'en débarrasser définitivement et font la chose suivante : ils organisent une fête en dehors des murailles de Salé-le-Vieux, fête à laquelle, ils invitent tous les Morisques, et à la nuit tombée, ils rentrent chez eux, referment les portes de la muraille, laissant les Morisques à l'extérieur en les invitant à aller vivre de l'autre côté de la rivière ».

Les Morisques avaient été expulsés d'Espagne, accusé d'être hérétiques, de refuser de boire du vin ou de préférer parler arabe plutôt que castillan.

Mais, à leur arrivée à Salé, ils furent mal vus parce que parmi eux certains buvaient du vin, d'autres parlaient castillan, d'autres mêmes se plaignaient de s'être convertis sincèrement au christianisme, sans que cela n'eût empêché leur expulsion.

En ces temps de simplifications fondamentales, et ou l'intellectuel était plutôt bas, ils étaient perçus comme des musulmans d'Espagne et qualifiés de chrétiens de Castille, par les habitants de Salé.

Paradoxes de l'exil, qui vous fait perdre une terre sans que vous puissiez en gagner une autre.

Les Morisques s'installent enfin, dans la casbah bien défendue de la rive gauche et ne tardent pas à constituer une république indépendante, sous le nom de Salé-le-Neuf, au grand dam de leurs voisins de Salé. Leur premier gouverneur fut Ibrahim Vargas, fils d'un ancien corregidor morisque d'Hornachos.

En quelques années, ils organisent une puissante flotte pirate, formée d'une cinquantaine d'embarcations. De petits brigantins, des galiotes pourvues de douze rangs de rameurs, et de grandes caravelles et chebecs à bord desquels ils pourront oser des expéditions plus lointaines.

Avec le bénéfice de leurs attaques, ils purent financer l'installation dans leur république, d'autres Morisques expulsés, s'établirent dans la médina. Ceux-là, on les appelait Andalous, pour les distinguer des Hornacheros, qui habitaient, dans la casbah et détenaient le pouvoir politique et économique. Ils attirèrent aussi, des professionnels européens de la guerre de course, notamment le corsaire Hollandais Jans Janz, qui fut nommé amiral de la flotte pirate.

Sous ses ordres, les navires salétains attaquèrent les côtes d'Irlande et d'Angleterre, s'aventurèrent jusqu'à Terre-Neuve, et dans les Caraïbes, et finirent par attaquer l'Islande, ramenant avec eux quatre cents prisonniers vikings qui devaient finir parmi le millier d'esclaves, mis en vente chaque jour sur le marché de Rabat.

Les activités des pirates de la république de Salé, incitèrent l'Espagne, la France, l'Angleterre et les Pays-Bas à négocier avec les Morisques pour tenter de gagner au moins leur neutralité dans ce que les livres d'histoire appellent la guerre de Trente Ans. La rue des Consuls dans la médina, garde le souvenir des négociations secrètes que les consuls et les ambassadeurs européens y menèrent.

De ce passé inique, seules demeurent aujourd'hui à Rabat les murailles de l'ancienne république et l'écho des noms espagnols de ces anciens corsaires, qui résonne encore dans la Médina.

Blanco, Palomino, Carrakcho (déformation du nom de famille Carrasco), Ceron, Chamorro. Leur piste permet de remonter jusqu'à Ahmed Piro, vendeur de fruits secs au marché central.

Toutefois, la république de Salé, ne devait pas survivre plus d'un demi-siècle. Les Morisques perdirent leur indépendance d'une manière très espagnole.

L'historien et architecte Abderrahane el Fekhar évoque l'épisode en ces termes : « Les Morisques andalous de la médina se sont rebellés contre les Hornacheros de la casbah, qui détenaient le pouvoir absolu, si bien que la république s'est affaiblie ».

Le souvenir de l'aventure des pirates morisques a sombré peu à peu dans l'oubli, mais l'amour de leur patrie perdue s'est transmis de génération en génération.

Un amour qui avait même conduit les Salétains à tenter de signer un traité en 1631, contre le roi d'Espagne pour livrer la casbah de Salé aux Espagnols, moyennant quoi ils auraient pu retourner à Hornachos. L'accord devait échouer et l'intransigeance du roi les condamna définitivement à l'exil.

Quelques pirates redoutables :
Baldassarre Cossa 1370 -1415 – pays d'origine – Procida.
Antipape durant le grand schisme d'occident, Jean XXIII fut accusé de divers crimes, comme la piraterie, l'inceste et la sodomie.
Arudj Barberousse 1474-1518 – pays d'origine – Empire Ottoman.
Un corsaire Ottoman et Bey d'Alger et Beylerbey de Méditerranée occidentale.
Khayr al-Din 1478-1546 (frère d'Arudj) – pays d'origine- Empire Ottoman.
Corsaire ottoman qui devint amiral et domina la Méditerranée pendant des décennies.
Turgut Reis 1485-1565 – pays d'origine - Empire Ottoman.

Corsaire turc, amiral ottoman et bey d'Alger, beylerbey de Méditerranée. Premier bey et pacha de Tripoli.
Salih Reis 1488-1568 – pays d'origine - Empire Ottoman.
Corsaire turc, amiral ottoman.
Pedro Menéndez de Avilés 1519-1574 – pays d'origine Espagne -
Amiral espagnol et chasseur de pirates, de Avilés est connu pour la destruction de l'établissement Français de Fort Caroline en 1565.
Simon Danziker (Simon Dansa) mort en 1611, pays d'origine Pays Bas.
Corsaire Hollandais qui devient pirate barbaresque. Lui et John Ward ont dominé la Méditerranée occidentale durant le début du XVIIe siècle.
De Veenboer mort en 1620, origine Pays – Bas.
Ancien corsaire hollandais. Deviens un pirate barbaresque sous Zymen Danziker et commanda la flotte corsaire d'Alger.
Piet Hein 1577-1629, pays d'origine – Pays – Bas.
Après avoir servi comme esclave pendant quatre ans, sur des galères espagnoles, Piet Hein s'est plus tard emparé de 11 509 524 florins des cargaisons de navires espagnols.
Jans Janz (Murad Rais) 1570-1641 – pays d'origine – Pays – Bas.
Corsaire hollandais capturé par les barbaresques qui devint l'un d'entre eux.
Assan Reis (Jan Marinus van Sommelsdijik années 1620 – pays d'origine Pays – Bas. Ancien corsaire hollandais devenu pirate barbaresque. Il attaqua le navire hollandais St. Jan Baptista, le 7 mars 1626.

      Ceci représente une petite liste, car ils sont très très nombreux et de toutes les nationalités. Ils pouvaient attaquer un navire, avec 80 bateaux.
      Ces tristes personnages, ne laissaient aux victimes, aucune chance. Leurs activités représentaient un fléau en méditerranée, pendant des siècles.

Les Pirates Barbaresques ont réussi à tenir en échec...

Leurs galères, vaisseaux munis d'un seul grand mât surmonté d'une voilure démesurée, au lieu de deux comme les galères chrétiennes, étaient particulièrement adaptées à la course. Ces galères étaient allégées au maximum.

De plus, elles ne comportaient aucune armature de décoration qui aurait pu les alourdir. Le gaillard d'arrière, était supprimé permettant ainsi un allègement supplémentaire qui autorisait un chargement maximum de ravitaillement. Enfin, il n'y avait qu'un seul canon sur le gaillard d'avant, qui était rabaissé.

Dotés de rangées de rames, ces bâtiments de guerre étaient très rapides et faciles à manœuvrer. Enfin, ils étaient très souvent entretenus ce qui maintenait la flotte au summum de ses performances. Les pirates étaient des professionnels parfaitement entraînés au combat, et commandés par de vaillants capitaines.

Ils étaient excellents au maniement de l'arc et du mousquet. Leur manque de scrupule en faisait des hommes avides de pillages, et redoutables, sans aucun respect de la vie humaine. Les rameurs étaient pour la plupart des captifs chrétiens qui finissaient leur triste vie sur ces navires.

La technique de combat consistait à ne s'attaquer qu'aux vaisseaux lourdement chargés, peu armés et dont la manœuvre devenait, de ce fait, très lente. Les navires militaires n'étaient presque jamais affrontés.

Toutes les expéditions punitives exercées contre Alger, par les chrétiens échouèrent, compte tenu notamment des mauvaises conditions météorologiques.

C'est ainsi que les Pirates barbaresques obtinrent une renommée d'invincibilité qui faisait frémir. Personne n'osait attaquer de front de tels hommes réputés pour leur sauvagerie.

Après de nombreuses décennies de luttes, les Espagnols finirent par reprendre la Province d'Andalousie qui était aux mains des Arabes.

C'est ainsi que Grenade, dernier bastion des infidèles, comme ils étaient nommés à l'époque, tombait en 1492.

Les Maures qui s'étaient réfugiés sur les Côtes de l'Afrique du Nord, emportèrent avec eux, leur haine du Chrétien. Le Royaume d'Espagne pouvait toutefois respirer librement. Isabelle de Castille réunifie alors le pays sous la bannière, « Croisée ».

Elle meurt en 1504. Dans son testament, elle exhorte son entourage à poursuivre la lutte contre les Maures jusqu'en Afrique du Nord.

Le Cardinal Ximenes, Primat d'Espagne, fort de cet encouragement posthume prépare activement une expédition, sur les territoires Nord-Africains. Cependant, les évènements se précipitent. En 1505, des Pirates barbaresques vont se permettre une nouvelle incursion en pays espagnol. Ils quittent Mers-El-Kébir, leur port d'attache afin d'attaquer Alicante, Elche, et Malaga. Au cours de cette attaque, comme à l'accoutumer, ils pillent tout sur leur passage, n'hésitant pas à violer, à tuer après avoir tout saccagé.

Il n'en faut pas plus, à Ximenes pour mettre en campagne son « Armada », qui fait route vers Mers-El-Kébir.

Après un siège qui dure plus de six semaines, les pirates Barbaresques se rendent enfin et Mers-El-Kébir tombe sous la pression de l'armée espagnole le 23 octobre 1509.

C'est à partir de cette nouvelle base que ces derniers assurent leurs positions et prennent ensuite Oran, au cours de la même année.

En 1509, le Comte Pédro Navarro, fait construire un fort sur l'une des petites îles faisant face à l'entrée de la rade d'Alger, contrôlant ainsi toutes les entrées et sorties.

Ce fort est appelé « Penon de Vellez », ou « Penon d'Argel ». Cette nouvelle menace empêche toutes sorties des Pirates. Plus tard, c'est au tour de la ville de Bougie d'être assiégée et de tomber aux mains des troupes espagnoles. La même année, Tripoli subit le même sort.

Cette occupation Chrétienne doit cependant être considérée avec pondération. En effet, les positions militaires espagnoles restent fragiles compte tenu de leurs effectifs réduits, un armement qui laisse à désirer, une vie de garnison trop monotone et un ravitaillement qui ne peut se faire que par la mer.
Ferdinand le Catholique, alors Roi d'Espagne n'accorde que peu d'intérêt pour ces troupes installées sur les côtes d'Afrique, tant son esprit reste préoccupé par la soif de l'or, des colonies d'Amérique.

Constatant la faiblesse des troupes d'occupation, Abd-el-Rahman, Gouverneur de Bougie, chassé de sa cité par les Espagnols, ne pouvant, seul, les faire partir, cherche de l'aide.

Lui parvient la renommée d'un certain Aroudj Barberousse installé sur la côte tunisienne (Afrique), et dont les exploits font frémir. Voyant en cet homme le moyen providentiel d'en finir avec les Espagnols Abd-el-Rahman fait alors appel à lui.

Commence alors le règne sanglant des frères Barberousse.

Les origines de la famille Barberousse restent quelque peu obscures. Il semble qu'un certain Yakub d'Ienidjewardar, ancien soldat renégat pour certains, se serait établi sur l'île de Mytilène vers 1470, île Grecque, appelée aussi Lesbos où il aurait pratiqué le métier de potier ou de pêcheur. Il aurait eu quatre fils qui, comme le père, sont vite attirés par le goût de l'aventure et de la richesse facile.

Les deux premiers, Elias et Arudj, se distinguent très tôt en commettant diverses rapines. Au cours d'une rixe Elias est tué et Arudj fait prisonnier par les Chevaliers de Saint-Jean. Attaché aux bancs des galères chrétiennes, il réussira néanmoins à s'évader. Il sera revu plus tard à la tête d'une petite galiote avec laquelle, il écume les plages grecques, pillant tout sur son passage.

Après quelques années de pillages, ses deux frères, Iéshac et Kheir-Ed-Din le rejoignent. Il s'agit maintenant d'une véritable entreprise familiale. La réputation de pirate d'Arudj ne cesse de monter. Les Italiens ont peur et se méfient de « Barba Rossa », trapu, très fort, extrêmement endurant, il pille et rançonne impunément.

Dans le Maghreb, il passe pour un homme qui fait preuve d'humanisme en ramenant des Morisques, ces musulmans d'Espagne convertis au catholicisme sur ordre d'Isabelle de Castille. Fort de ses succès, Arudj entre au service du Sultan Hafside de Tunis. Dès lors, ses galiotes peuvent mouiller et relâcher en toute quiétude dans les ports de la Goulette.

À Djerba, Arudj mène une vie de prince. Il y entasse quantité de richesses. Alors qu'il se trouve à Djerba, il reçoit un appel à l'aide de Abd-El-Rahman. À la tête d'un bon millier d'hommes, il fait route sur Bougie.

En août 1512, c'est une flotte de douze galiotes qui se présente devant Bougie. Abd-el-Rahman qui se trouve à terre, à la tête de 3 000 Berbères, se lance à l'assaut de la ville et du fort espagnol. Les combats durent plusieurs jours, mais les Espagnols résistent. Au cours d'un dernier assaut, Arudj s'écroule, le bras gauche emporté par un boulet de canon. Les Turcs décident alors, de lever le siège son frère Arudj gravement blessé. Kheir-Ed-Din prend le commandement des troupes.

Dans le même temps, les Génois, excédés par les exactions des pirates, décident une expédition punitive et l'Armada commandée par l'Amiral Andréa Doria, se présente devant la Goulette. Kheir-Ed-Din prend la fuite, abandonnant sa flotte et se réfugie à Djidjelli.

Apprenant que les frères Barberousse tiennent Alger, le Cardinal Ximenes, lance une expédition le 30 septembre 1516, avec une flotte de 35 bâtiments et 3 000 hommes qui débarquent sur les plages de Bab-El-Oued.

Cependant, en raison d'une tempête le débarquement des Espagnols est bloqué. Les hommes restés à terre sont tués ou faits captifs.

Les Espagnols réfugiés sur le pénõn bombardent Alger, mais cette expédition se solde par un solide échec, laissant Kheir-Ed-Din à Alger, Arudj se lance à la conquête du pays afin d'annexer les territoires environnants.

La plaine de la Mitidja, Cherchell, Ténes, Tlemcen tombent sous l'influence de Kheir-Ed-Din. Oran et Mers-El-Kébir se trouvent encerclés.

Charles Quint, Roi d'Espagne confie au Marquis de Comares, Gouverneur de la ville d'Oran, dix mille hommes de troupe, avec pour mission d'en finir avec les Barberousse. À marche forcée, il atteint Tlemcen qui sera assiégé pendant sept mois.

Toutefois, les habitants qui ne supportent plus de vivre sous le joug de Barberousse facilitent l'entrée des troupes espagnoles dans la cité.

Au cours des combats, Iéshac le jeune frère, est mortellement blessé. Arudj prend la fuite, mais il est rattrapé par la cavalerie de Comares à Oued-El-Maida (Rio Salado). Après un combat désespéré, il s'écroule frappé à mort. Son corps est décapité et sa tête ramenée triomphalement à Oran.

Avec la mort d'Arudj, Kheir-Ed-Din se retrouve le dernier des Barberousse. Il n'oublie pas que les Espagnols sont toujours à Oran, mais aussi sur le Pénõn d'Alger.

Fin politique, Kheir-El-Din fait appel à Sélim II. Ce dernier lui envoie un sabre, un cheval et un tambour, insignes du gouvernement d'un Sandjak, (province Turque).

De 1520 à 1525, Barberousse consolide ses positions sur Djidjelli. Il s'empare de Bone, de Collo et de Constantine. De 1525 à 1540, sa réputation va encore grandir.

Il s'attaque à Minorque et en revient avec 6 000 captifs.

Soliman II très satisfait, lui accorde le titre supérieur de « Kapudan Pacha », autrement dit, Grand Amiral de la flotte turque, c'est-à - dire Amiral des Mers.

Dans le même temps, la république de Venise s'allie avec Charles Quint. Soliman II comprenant le danger de cette alliance installe Barberousse à la tête d'une armada très puissante afin de contrer l'Amiral Andréa Doria. Toutefois, cette rencontre n'aura pas lieu, Andréa Doria relâchant à Messine. La rage au cœur, Barberousse débarque sur les côtes d'Apulie (les Pouilles), pille sans vergogne les environs et fait plusieurs milliers de captifs à nouveau.

Soliman II toujours satisfait des exploits de Kheir-Ed-Dhin, le nomme, « Capitan Pacha », membre du divan et commandant de la flotte.

En 1535, Charles Quint accompagné de son grand Amiral Andréa Doria décide, à la tête de 200 bâtiments, de reprendre Tunis à Barberousse. Les navires jettent l'ancre à Porto Farina, 20 000 fantassins et 600 cavaliers débarquent et se lancent à l'assaut de la forteresse de la Goulette.

Les combats sont rudes, intenses et après trente-deux jours de résistance, le Commandant de la place capitule enfin. Barberousse n'est plus en force pour empêcher le débarquement. Enfin, plus de 20 000 captifs chrétiens sont libérés.

Barberousse se réfugie à Constantinople.

En 1543, lorsque François Ier sollicite l'aide de Soliman II, ce dernier envoie Kheir-Ed-Din, en émissaire. Il débarque à Marseille où, il est accueilli avec tous les honneurs dus aux Amiraux. Il est alors âgé de 86 ans. Il n'a cependant pas perdu de sa verve et de sa hargne.

Dès le début, les négociations entre les Pirates et les Autorités françaises, s'engagent très mal. De plus, François Ier, est très embarrassé. Il ne sait pas comment se défaire d'une telle alliance, qui est très mal vue de l'ensemble de la Chrétienté.

Au cours de l'hiver 1543-1544, l'armada turque se voit attribuer ses quartiers d'hiver dans Toulon. Profitant de cette halte forcée, Barberousse n'hésite pas à faire des incursions dans l'arrière-pays et fait de nombreux captifs parmi les jeunes provençaux.

François Ier, indigné, pour se débarrasser de cette alliance quelque peu encombrante, demandera à la flotte de quitter Toulon, non sans passer par quelques exigences de Barberousse.

Ce dernier quitte enfin, Toulon et finit sa carrière à Constantinople. Ce n'est que deux années plus tard que Barberousse meurt. Il est alors âgé de 90 ans.

Sa dépouille mortelle est transportée à Beshiktasch, cité située aux environs de la Corne d'or, Baie du Bosphore à Istanbul.

ESCLAVAGE DES BLANCS

L'esclavage en terre d'islam est une donnée historique universellement reconnue, y compris par les historiens musulmans. Il est resté un tabou pendant des siècles.

Tous les spécialistes se fondent sur des statistiques scientifiquement établies qui savent maintenant que du 16e au 18e siècle, le nombre d'esclaves blancs sont évalués à 1 250 000 personnes, surpassant largement, celui des noirs africains soit 800 000 personnes, vendues en Amérique, sans tenir compte de la surmortalité.

Sur 400 Islandais capturés en 1627, il n'en restait que 70, huit années plus tard.

En trois ans, la marine britannique à elle seule reconnaissait avoir perdu 466 navires marchands. En plus de l'interception des navires, les raids des esclavagistes barbaresques dépeuplaient des milliers de kilomètres de côtes, en kidnappant hommes, femmes, enfants. Ils détruisaient les églises dont les cloches pouvaient sonner l'alarme à leur approche.

Sur 1300 kilomètres de côtes italiennes, la fréquence des raids éloigne du rivage les populations qui se réfugient dans les villes vers l'intérieur.

C'était l'Algérie qui détenait le plus d'esclaves chrétiens, juste devant la Tunisie.

Ces pirates, qui ont fait de la Méditerranée, la Mer de la peur, sont de véritables riches seigneurs.

Certains d'entre eux peuvent posséder de belles villas et jusqu'à 3 000 esclaves chrétiens. On les nomme les raïs.

Leurs prisonniers sont vendus sur les marchés de Tunis ou d'Alger s'ils sont pauvres. Les riches, les nobles, les Juifs ou les religieux peuvent être libérés s'ils paient une rançon. L'intervention de nombreux intermédiaires alimente un fructueux commerce qui les enrichit à tous les niveaux.

Miguel de Cervantès, comme indiqué plus avant, auteur de Don Quichotte, fut capturé au large de Rosas, lors de son retour de Naples. Il a été déporté comme esclave au bagne d'Alger, avec son frère Rodrigo le 26 septembre 1575. Après quatre tentatives d'évasion, il fut libéré contre rançon en septembre 1580 après 5 ans de captivité, avantagé par la fortune de sa famille, apte à payer. Il eut le privilège de survivre, tandis que de moins chanceux restèrent jusqu'à 10 ou 30 ans dans d'atroces conditions.

Le prix des femmes varie suivant leur âge et leur beauté. Les enfants de tout âge et sexes sont aussi livrés aux enchères. Les plus riches ont le privilège du cachot. La plupart des captifs portent une chaîne fixée à un anneau enserrant l'une des chevilles. Les prisonniers les plus robustes deviennent des galériens enchaînés à leurs compagnons et aux rames. Ils sont soumis au fouet pour suivre les cadences.

La punition habituelle des captifs était la bastonnade variant de 150 à 200 coups. Le seul moyen d'atténuer leurs tortures consistait à prendre le turban, en se convertissant à l'islam.

Exemptés ainsi du service des galères, nul ne pouvait plus leur infliger des brimades faites désormais à un fils du prophète.

La crainte de perdre leur âme et de subir le supplice de la circoncision à l'âge adulte, pouvaient justifier leurs hésitations.

Parmi les moins riches, les charpentiers de marine, les fondeurs ou ceux qui possédaient des dons particuliers pouvaient jouir, cependant de certains avantages.

En 1683, Louis XIV fait bombarder Alger par une grande flotte pour faire cesser les raids. En représailles, le père, le Vacher et 20 autres Français sont exécutés tour à tour attachés à la bouche d'un canon.

Les gouverneurs de Beylik de la Régence turque recevaient un pourcentage de 10 % d'esclaves comme une forme d'impôt sur le revenu. Ces esclaves publics restaient en partie sur les bateaux-prisons des galères. Le reste était affecté à la construction de digues, fortifications, rues, palais, ainsi qu'à l'extraction et convoyage des pierres de construction.

Les janissaires du corps d'élite de l'odjac turc formaient une infanterie redoutable. Cette milice analogue à celle des Prétoriens de Rome terrorisait ses ennemis. En Algérie, par leurs mariages avec des femmes berbères ou arabes, ils donnèrent naissance à la communauté des Kouloughlis, représentant un pourcentage important près de Tlemcen.

Abdelkader Timoule, spécialiste érudit du djihad maritime au Maroc, nous apprend que les religieux chrétiens ayant consacré leur vie à la rédemption des esclaves avaient si bien réussi dans leur tâche au profit du négoce, que les corsaires leur avaient concédé l'édification de chapelles, ce qui favorisait l'essor d'un commerce florissant.

Les croisades n'ayant été qu'une réponse à l'expansion de l'islam en djihad dans tout le Moyen-Orient, au Maghreb en Espagne et jusqu'à Poitiers en 732, au 7e et 8e siècle, certains de ces ordres s'étaient fondés pour délivrer les chrétiens prisonniers des musulmans.

Saint-Jean de Matha (1160-1213), Provençal d'origine Espagnole, fondateur de l'Ordre de la Sainte-Trinité et de la Rédemption des captifs, racheta des dizaines de milliers d'esclaves aux Barbaresques, d'Afrique du Nord. Un tiers des revenus des écoles et des hôpitaux qu'il avait créés étaient consacrés aux rançons.

Saint-Pierre de Nolasque (1189-1256), natif de Ricaud et prêtre au Mas-Saintes-Puelles, dans l'Aude, fut le précepteur du fils de Jacques Ier roi d'Aragon. C'est avec le soutien de ce dernier qu'il fonda l'ordre de Notre - Dame de la Merci, pour le rachat des chrétiens captifs des barbaresques.
Des mercenaires s'engageaient à demeurer otages, si nécessaire pour réussir à délivrer les esclaves des musulmans.

À chaque retour de captifs des barbaresques, leurs rédempteurs organisaient dans les villes sur leur parcours des processions spectaculaires, justifiant leurs dépenses et leur action. Les foules populaires qui y assistaient, découvrant les infamies de l'esclavagisme ne pouvaient alors éprouver que des sentiments de révolte et de pitié vis-à-vis de ces malheureux.

Condorcet, Montesquieu, Thomas Raynal, Viefville des Essarts et bien d'autres intellectuels du XVIIe siècle, n'ont jamais cessé de condamner toutes les formes d'esclavagisme.

C'est à l'initiative de l'abbé Grégoire que fut votée pour la première fois l'abolition de l'esclavage, le 16 pluviôse de l'an II (1794). Quel historien oserait honnêtement accuser le peuple français d'être esclavagiste dans son ensemble, et se permettrait-il, d'exiger quelque repentance ?

Après avoir été gardien du troupeau familial près de Dax, dans les Landes, Vincent-de-Paul, fut ordonné prêtre en 1600, après 7 ans d'études.

Partant de Marseille en 1605, où il avait touché un modeste héritage et se dirigeant vers Narbonne par voie maritime, il fut capturé par des barbaresques et vendu comme esclave à Tunis. Après deux ans de captivité, il réussit à s'évader et à retourner en France. Il fut alors aumônier des galériens, des enfants trouvés et des paysans ignorants. Créateur d'institutions hospitalières, il fut canonisé en 1737.

Une affiche de 1785 de l'imprimerie de la veuve Sibié imprimeur du Roi, dans la ville de Marseille, commandée par les ordres de la Trinité et la Merci, nous détaille le rôle de 314 esclaves français rachetés à Alger. Ce document est une véritable source de renseignements. On y trouve un tableau donnant le nom, l'âge des esclaves au moment de leur capture, la durée de captivité et leur origine par paroisse et diocèse. Un rapide calcul statistique, nous fait savoir que la moyenne des années d'esclavage dans ce groupe est de 9 ans. Sur un total, de 25 d'entre eux proviennent de Guyenne, 32 du Languedoc et 11 du Roussillon.

Thomas Nivet de Montferrer Perpignan, 68 ans, est libéré après 38 années d'esclavage.
Jean Fillon, 59 ans de Béziers, 30 ans de détention.
Pierre Tourron, 46 ans, de Saint-Vincent Carcassonne n'a souffert que 17 ans.
Prosper Cathala, 32 ans, de Brousse Narbonne, n'a perdu que 7 ans de sa vie.
Nicolas la Faye, 22 ans, de Saintes n'a été détenu que 2 mois.
De même, Michel Baudire, 35 ans d'Argelès, Perpignan, n'a connu que 2 mois d'esclavage.

Si le peuple des côtes était plus exposé que les autres, les personnes venues de l'intérieur du pays, peut-être un peu naïves étaient exposées lors de leurs déplacements.

Comme il a été expliqué, la piraterie a sévi de tout temps en Méditerranée, mais le 17e et le 18e siècles ont été l'âge d'or pour les corsaires barbaresques, d'autant que les nations chrétiennes, sont alors rivales et divisées. Au Moyen-âge, des ordres religieux avaient été spécialement fondés pour se consacrer au rachat des chrétiens prisonniers des infidèles. Les deux principaux sont l'ordre des Trinitaires et celui Notre-Dame-de-la-Merci.

Jean de Matha, né en 1154 à Faucon, près de Barcelonnette, dans la vallée de l'Ubaye, devient prêtre en 1193. En 1198, avec l'ermite Saint-Félix de Valois, il fonde l'ordre de la Très Sainte-Trinité et des Captifs pour le rachat des chrétiens.

Il participe à une première expédition qui permet de ramener 186 captifs du Maroc. Une seconde vers Tripoli et Tunis obtient 110 libérations. L'entrée triomphale des rachetés à Rome est alors un événement marquant pour toute la chrétienté.

L'ordre est désormais bien établi, dans le diocèse de Meaux, et sera jusqu'à la Révolution la maison-mère des Trinitaires. Jean de Matha meurt à Rome en décembre 1213.

L'ordre de Notre-Dame-de-la-merci, avait été fondé en 1218, par Saint-Pierre Nolasque, né en Languedoc en 1189. À l'origine militaire, l'ordre se consacrait aussi au rachat des chrétiens captifs des musulmans en Espagne et en Afrique. Les religieux, appelés mercédaires ou nolasques, payaient de leur personne en prenant la place des prisonniers.

Pierre Nolasque fut, lui-même, deux fois otage en Afrique. Il mourut à Barcelone le 25 décembre 1528.

Les mercédaires longtemps protégés par les rois d'Aragon étaient organisés en provinces : Catalogne, Aragon, Castille et Portugal, Navarre, France et Baléares. Le couvent de la Merci de Melleville, fondé au 13e siècle dans le diocèse de Rodez, a été le premier créé en France. Les mercédaires jouèrent aussi un rôle important dans l'évangélisation de l'Amérique.

Vincent de Paul (1581-1660) envoie les Lazaristes pour assister, sur les plans matériels et spirituels, les chrétiens esclaves en Barbarie. Il a été lui-même captif en Tunisie, comme on l'a dit, et il n'a pas oublié.

Des confréries, spéciales dans les villes du midi de la France, s'efforçaient aussi de recueillir des fonds pour le rachat des captifs, car ces opérations étaient très coûteuses.

En 1785, les religieux des ordres de la Sainte-Trinité et de la Merci, œuvrant ensemble, rachètent à prix d'or 313 esclaves détenus à Alger. Ils arrivent à Marseille le 9 juillet 1785, à bord de la frégate la Minerve. Le 16 août, après la quarantaine règlementaire au Lazaret phocéen, les rachetés participent tous à une magnifique procession qui traverse la ville.

Ces processions d'action de grâce, sont ainsi de véritables mises en scène. Des tableaux vivants évoquent les souffrances subies en esclavage. Les rachetés vêtus d'une casaque rouge ou brune figurent enchaînés. Ils montrent ostensiblement les mutilations et les traces des coups reçus en Afrique. Litanies, lumières... Ces représentations ont pour but ultime d'édifier le peuple chrétien et de l'émouvoir afin d'accroître sa générosité, car les rachats sont prohibitifs.

Après la procession de Marseille, les rachetés devront encore, suivant l'usage, participer à plusieurs autres cérémonies dans les villes provençales, comme Aix, Lambesc, Saint-Rémy, Arles, Tarascon et d'autres cités du royaume de France, enfin, ils arriveront à Paris. Quant aux mercédaires et à leurs protégés, ils font un détour par Toulouse et Bordeaux... Autrement dit après l'enfer de l'esclavage, le petit enfer des processions à répétition, et ceci avant leur libération définitive.

Le plus âgé d'entre eux se nomme Thomas Nivet, il est originaire de Perpignan Pyrénées-Orientales. Il a 68 ans ce qui, à l'époque, en fait un vieillard. Il ne compte pas moins de 38 années d'esclavage, c'est pratiquement une vie entière.

Parmi les libérés, onze sont originaires du diocèse de Lyon. Leur âge moyen est de 36 ans. Ces hommes ont subi une longue captivité, en moyenne huit ans et demi et ont été capturés dans la force de l'âge, car leur âge moyen au moment de la capture est de 26 ans.

Citons les deux cas extrêmes, celui d'Antoine Fayet, originaire de Saint-Chamond (Loire), qui avait 41 ans au moment de sa libération et qui a subi 16 ans de captivité et celui de Dominique Laplace, de Lyon (Rhône), qui a été capturé à seulement 13 ans et qui a, lui aussi, été prisonnier pendant 16 années. Ce dernier, de l'hôtel-Dieu de Lyon et dont le nom laisse présumer qu'il s'agit d'un enfant trouvé, devait probablement servir comme mousse sur quelque bateau naviguant en Méditerranée.

Il convient de savoir qu'ils étaient plus de 300 000 personnes réduites en esclavage français, mais d'autres nationalités étaient aussi présentent au Maghreb, comme esclaves.

Pour deux rachetés, on ne peut identifier avec précision le lieu de naissance. Il s'agit de Claude Maître de Savanes et Jean Gervais de Mantoy.
Trois sont de la ville de Lyon. Deux sont nés dans la grande paroisse de Saint-Nizier et le troisième appartient à l'Hôtel-Dieu.

Trois sont nés dans le Bugey, à Trévoux, Genay et Lent. Trois sont foréziens, nés à Feurs (Loire), à Saint-Chamond et à Saint-Romain -D'Urfé (Loire).

Qui étaient ces Foréziens qui venaient d'être libérés de l'esclavage en Algérie ? Nous avons quelques indications pour au moins l'un d'entre eux, Benoît Relave.

Son père, Grégoire Relave, veuf, maître maréchal-ferrant, de Saint-Galmier (Loire), avait épousé le 14 juin 1747, demoiselle Anne Pauche, fille de Jacques Pauche, aubergiste à Feurs, et de Marie Dupont.

Les Pauche semblent bénéficier d'une certaine aisance et d'un grand esprit d'entreprise. Comme étapier, Jacques Pauche est chargé d'organiser le logement des troupes de passage chez l'habitant, car Feurs (Loire) ne disposait pas de caserne. Le 23 septembre 1754, les fossés de la ville de Feurs lui sont adjugés moyennant le cens annuel de 185 livres.

Grégoire Relave s'installe à Feurs où il exerce le métier de forgeron-maréchal-ferrant. C'est un artisan très habile, si l'on en croit le marquis de Poncins, qui lui passe commande d'un outil expérimental, une bêche de dix-huit pouces qu'il réussit, paraît-il, à merveille.

De son union avec Anne Pauche naisse Antoine le 30/11/1749, puis Benoît en 1752, qui vivra l'aventure africaine. D'autres enfants suivront, Georgette née en 1753, Louise en 1755, Anne en 1756, Denise en 1758.

Benoît, né le 15 juin 1752, est baptisé le même jour en l'église de Feurs par le vicaire Couzon. Son parrain est Benoît Relave, garçon boulanger. Le père et la mère de Benoît signent l'acte de baptême. Dans la nombreuse famille Relave et parmi leurs alliés, les Pauche, Chatelard, Lacroix, Dupont, on trouve d'autres maréchaux-ferrants, des boulangers, des menuisiers, des marchands. Ils font tous partie du milieu des commerçants et artisans foréziens, catégorie sociale relativement instruite et qui se montre très entreprenante. Sébastien Combe, père du Colonel Combe, le héros de la prise de Constantine appartient lui aussi à la même catégorie sociale.

À l'époque de la Révolution ces artisans et boutiquiers adopteront avec enthousiasme les idées les plus avancées. Cadet d'une famille nombreuse, Benoît cherche fortune hors de son Forez natal, sans doute comme commerçant. Une de ses parentes du côté maternel, Georgette Dupont, est marchande à Lyon.

Malheureusement, on ne sait rien des circonstances qui ont amené sa capture par les Barbaresques, mais il est probable qu'elle a eu lieu au cours de l'année 1780, en mer Méditerranée, alors qu'il avait 28 ans et qu'il voyageait pour ses affaires. Il a appris le métier de maréchal-ferrant chez son père, et son jeune âge en font un captif de valeur, mais nous n'avons aucune indication sur l'emploi qu'il a tenu dans la régence d'Alger.
Après 5 ans d'esclavage, Benoît bénéficie de la grande rédemption de 1785. Il revient à Feurs et épouse, à 34 ans, le 21 février 1786, Marguerite Jasserand, fille d'Antoine Jasserand, maître tailleur d'habits à Feurs, et de Marguerite Pitre. Il est alors lui-même qualifié de maréchal-ferrant. Son père étant décédé, sans doute, il reprit la forge familiale.

Benoît et Marguerite ont très vite plusieurs enfants. Madeleine née le 23/08/1788 et Marguerite, née à 7 mois ½ plus tard, le Ier avril 1789.

Benoît est revenu dans son milieu d'origine, une classe sociale qui participe alors avec ardeur aux mouvements révolutionnaires locaux. Les Pauche, Pitre, Chatelard, Relave, figurent parmi les petits notables foréziens, fervents partisans de la République, et même de la Terreur.

Un certain Relave, le Rouge, maréchal-ferrant, est cité par Auguste Broutin en compagnie de Berthuel, payeur du département, Pitre, ancien commissaire des guerres à la suite de Javogue David, greffier au tribunal criminel appelé le Petit-Requin et Pauche, ex-directeur des postes parmi les personnes faisant l'objet d'un mandat d'arrêt lors des réactions thermidoriennes. Nous pensons qu'il pourrait bien s'agir de Benoît Relave, le racheté de 1785. Bulletin de la Diana 2002, Montbrison 42.

L'évocation de l'odyssée personnelle de Benoît Relave nous rappelle cependant que des Foréziens, voyageaient parfois fort loin de leur province natale et que la piraterie constituait un danger bien réel. La plaine du Forez, se trouve dans le centre de la France, dans la Loire.

Une liste des captifs du diocèse de lyon libérés en 1785.
Baillou Phillibert, de la paroisse de Saint-Nizier de Lyon 34 ans, 7 ans d'esclavage.
Cornet Jean, de Saint-Romain -d'Urfé (Loire), 37 ans, 12 ans d'esclavage.
Darmet Alexandre, de Genay, canton de Trévoux, Ain, 44 ans, 16 ans d'esclavage.
Dutemps Pierre, paroisse de Saint-Nizier de Lyon, 33 ans, 6 ans d'esclavage.
Fayet Antoine de Saint-Chamond Loire, 41 ans, 16 ans d'esclavage.
Colombe Jean-François de Lent canton de Bourg, Ain, 30 ans, 7 ans d'esclavage.
Gervais Jean, de Mantoy 20 ans, 6 mois d'esclavage.
Laplace Dominique, de l'hôtel-Dieu de Lyon, 29 ans, 16 ans d'esclavage.
Maître Claude, de Savanes 40 ans, 12 ans d'esclavage.
Relave Benoît de Feurs (Loire) 33 ans, 5 ans d'esclavage.
Tachon Marc, de Trévoux, 35 ans, 9 ans d'esclavage.

L'Histoire oubliée des blancs réduits en Esclavage

Pendant longtemps, l'Europe a tenté des expéditions pour faire cesser les raids des pirates. Dès 1505, Diégo Fernandez de Cordoba occupe Mers-El-Kébir puis Oran en 1507. L'Espagne s'installe également sur l'îlot en face d'Alger puis à Bougie et Tripoli.

En 1765, Suffren bombarde Salé au Maroc et trace les plans des côtes du Maghreb. Comme 130 Américains ont été capturés entre 1785 et 1793, la jeune république entre en guerre contre Tripoli, qui signe un traité de paix après 3 bombardements. En 1815, elle continue son combat contre le Dey d'Alger.

En 1816, l'expédition maritime anglo-hollandaise de Lord Exmouth arrive à faire cesser momentanément les raids. En 1818, au congrès d'Aix-la-Chapelle, les grandes puissances européennes évoquent la nécessité de mettre fin une fois pour toutes au fléau et Chateaubriand appelle la France à prendre la tête de ce combat.

La France mandatée par le congrès tente la négociation, mais le refus d'excuse pour le coup d'éventail entraîne un ultimatum au Dey en juin 1827, puis un blocus jusqu'en 1830.

Après une bataille navale, l'armée française débarque à Sidi-Ferruch le 14 juin 1830. Le 5 juillet 1830, le régent ottoman Hussein-Dey, signe sa soumission.

Lors de la prise d'Alger, il restait encore 130 esclaves européens détenus par le Dey qui furent immédiatement libérés. Ensuite, par esprit de tolérance à l'égard des indigènes, la France leur accorda un statut spécial.

Si l'esclavage des noirs fut interdit dans les villes, chez les nomades et dans les campagnes, il continua longtemps d'exister.

Il convient, cependant de rappeler que l'esclavage des chrétiens blancs d'Europe a été précédé et poursuivi par celui des noirs d'Afrique.

La possession et l'exploitation des esclaves noirs dans les campagnes et chez les nomades continuèrent. On connaît l'épisode de la trêve avec l'émir Abdelkader qui avait fait décapiter une centaine d'esclaves noirs pour s'être précédemment réfugiés auprès des Français.

Si, la traite des esclaves blancs a rapidement buté sur la résistance des Européens, il n'en a pas été de même du trafic d'esclaves noirs en provenance du continent africain.

La traite arabe commence en 652, vingt ans après la mort de Mahomet, lorsque le général arabe Abdallah ben Sayd, impose aux chrétiens de Nubie, les habitants de la vallée supérieure du Nil, la livraison de 360 esclaves par an. La convention, très formelle, se traduit par un traité (bakht), entre l'émir et le roi de Nubie Khalidurat.

La traite ne va cesser dès lors de s'amplifier. Les spécialistes évaluent de douze à dix-huit millions d'individus le nombre d'Africains victimes innocentes, de la traite arabe au cours du dernier millénaire, du VIIe au XXe siècle.

Le trafic suit d'abord les routes transsahariennes. Des caravanes vendent, à Tombouctou par exemple, des chevaux, du sel et des produits manufacturés.

Elles en repartent l'année suivante avec de l'or, de l'ivoire, de l'ébène et, des esclaves pour gagner le Maroc, l'Algérie, l'Égypte et, au-delà, le Moyen-Orient.

Au XIXe siècle se développent aussi la traite maritime entre le port de Zanzibar, aujourd'hui en Tanzanie, et les côtes de la mer Rouge et du Golfe persique. Le sort de ces esclaves victimes de razzias, par les chefs noirs à la solde des marchands arabes, est dramatique.

Après l'éprouvant voyage à travers le désert, les hommes et les garçons sont systématiquement castrés avant leur mise sur le marché, au prix d'une mortalité effrayante, ce qui fait dire à l'anthropologue et économiste Tidiane N'Diyae :

« Le douloureux chapitre de la déportation des Africains en terre d'Islam est comparable à un génocide. Cette déportation ne s'est pas seulement limitée à la privation de liberté et au travail forcé. Elle fut aussi, et dans une large mesure, une véritable entreprise programmée de ce que l'on pourrait qualifier d'extinction ethnique par castration ».

Les contes des mille et une nuits, écrits au temps du calife Haroun al-Rachid, et de Charlemagne, témoignent des mauvais traitements infligés aux esclaves noirs et du mépris à leur égard, bien qu'ils fussent musulmans comme leurs maîtres.

Ce mépris a perduré au fil des siècles. Ainsi peut-on lire sous la plume de l'historien arabe Ibn Khaldoun (1332-1406) : « Il est vrai que la plupart des nègres s'habituent facilement à la servitude ; mais cette disposition résulte, ainsi que nous l'avons dit ailleurs, d'une infériorité d'organisation qui les rapproche des animaux bruts.

D'autres hommes ont pu consentir à entrer dans un état de servitude, mais cela a été avec l'espoir d'atteindre aux honneurs, aux richesses et à la puissance ». (les Prolégomènes, IV).

Ces propos précèdent de deux siècles la traite atlantique des Occidentaux, et ne font pas honneur à celui qui les a dits et écrits.

Les contingents très importants de main-d'œuvre servile ont contribué à la stagnation économique et sociale du monde musulman. Ils ont causé aussi de nombreux troubles. C'est ainsi qu'à la fin du IXe siècle, la terrible révolte des Ezndj (ou Zenj, d'un mot arabe qui désigne les esclaves noirs, dans les marais du sud de l'Irak, a entraîné l'empire de Bagdad sur la voie de la ruine et de la décadence.

« Comparé à la traite des Noirs organisée par les Européens, le trafic d'esclaves du monde musulman a démarré plus tôt, a duré plus longtemps, et ce qui est plus important, a touché un plus grand nombre d'esclaves », écrit en résumé l'économiste Paul Bairoch.
Cet auteur, ainsi que Tidiane N'Diaye, rappellent qu'il ne reste plus guère de trace des esclaves noirs en terre d'islam en raison de la généralisation de la castration, des mauvais traitements et d'une très forte mortalité, alors que leurs descendants sont au nombre d'environ 70 millions sur le continent américain.

Notons, le parallèle avec les États arabes du Golfe Persique, qui pratiquent l'autocratie, et qui recourent massivement à des travailleurs étrangers tout en empêchant ceux-ci de faire souche sur place. Ils prennent leurs papiers, pour les restituer (ou pas) à leur départ, dans une quasi - indifférence générale, du monde dit civilisé.

Ce qui est le plus frappant concernant les raids esclavagistes barbaresques est leur ampleur et leur portée.

Les pirates kidnappaient la plupart de leurs esclaves en interceptant des bateaux, mais ils organisaient aussi d'énormes assauts amphibies qui dépeuplèrent pratiquement des parties de la côte italienne. L'Italie, était la cible la plus appréciée, en partie parce que la Sicile n'est qu'à 200 km de Tunis, mais aussi parce qu'elle n'avait pas de gouvernement central fort qui aurait pu résister à l'invasion.

De grands raids ne rencontraient souvent aucune résistance. Quand les pirates mirent à sac Vieste dans le sud de l'Italie en 1554, par exemple, ils enlevèrent un total stupéfiant de 6 000 captifs.

Les Algériens enlevèrent 7 000 esclaves dans la baie de Naples en 1544, un raid qui fit tellement chuter le prix des esclaves qu'on disait pouvoir « troquer un chrétien pour un oignon ».

L'Espagne aussi subit des attaques de grande ampleur. Après un raid sur Grenade en 1556, qui rapporta 4 000 hommes, femmes et enfants, on disait qu'il « pleuvait des chrétiens sur Alger ».

Pour chaque grand raid de ce genre, il a dû y en avoir des douzaines de plus petits. L'apparition d'une grande flotte pouvait faire fuir toute la population à l'intérieur des terres, vidant les régions côtières.

En 1566, un groupe de 6 000 Turcs et Corsaires traversèrent l'Atlantique et débarquèrent à Francarville. Les autorités ne purent rien faire, et recommandèrent l'évacuation complète, laissant aux Turcs le contrôle de plus de 1300 kilomètres carrés de villages abandonnés jusqu'à Serracapriola.

Quand les pirates apparaissaient, les gens fuyaient souvent la côte pour aller dans la ville la plus proche, ce n'était pas toujours une bonne stratégie. Plus d'une ville de taille moyenne, bondée de réfugiés, fut incapable de soutenir un assaut frontal par plusieurs centaines de corsaires, et le raïs, capitaine des corsaires, qui aurait dû, autrement chercher les esclaves par quelques douzaines à la fois, le long des plages et dans les collines, pouvait trouver un millier ou plus de captifs opportunément rassemblés en un seul endroit pour être pris.

Les pirates revenaient encore et encore pour piller le même territoire. En plus, d'un bien plus grand nombre de petits raids, la côte calabraise subit des déprédations, de plus en plus graves, en moins de dix ans.

Sept cent personnes capturées en un seul raid en 1636, un millier en 1639, et 4 000 en 1644. Durant les XVIes et XVIIes siècles, les pirates s'installèrent des bases semi-permanentes sur les îles d'Ischia et de Procida, presque dans l'embouchure de la baie de Naples, d'où ils faisaient leur choix de trafic commercial. Autrement dit, leurs marchés.

Quand, ils débarquaient sur le rivage, les pirates musulmans ne manquaient pas de profaner les églises. Ils dérobaient souvent les cloches, pas seulement parce que le métal avait de la valeur, mais, aussi pour réduire au silence la voix distinctive du christianisme.

Dans les petits raids plus fréquents, un petit nombre de bateaux opéraient furtivement, tombant sur les établissements côtiers au milieu de la nuit de manière à attraper les gens « paisibles encore nus dans leur lit ».

Ce qui correspond à la forme la plus sournoise d'attaque. Cette pratique donna naissance à l'expression sicilienne moderne, « pigliato dai turchi - pris par les Turcs », ce qui veut dire être attrapé par surprise en étant endormi ou affolé.

La prédation constante, dans le temps, faisait un terrible nombre de victimes. Les femmes qui étaient plus faciles à attraper que les hommes, ce qui fait que, les régions côtières pouvaient rapidement perdre toutes leurs femmes en âge d'avoir des enfants.

Les pêcheurs avaient peur de sortir, ou ne prenaient la mer qu'en convois.
Finalement, les Italiens abandonnèrent une grande partie de leurs côtes.

À la fin du XVIIe siècle, la péninsule italienne avait alors été la proie des corsaires barbaresques depuis deux siècles ou plus, et ses populations côtières s'étaient alors en grande partie retirées dans des villages fortifiés sur des collines ou dans des villes plus grandes comme Rimini, abandonnant des kilomètres de rivages autrefois peuplés, aux vagabonds et aux flibustiers.

C'est seulement vers 1 700, que les Italiens purent empêcher les raids terrestres spectaculaires, bien que la piraterie sur les mers continuât sans obstacles.

La piraterie conduisit l'Espagne et surtout l'Italie à se détourner de la mer et à perdre leurs traditions de commerce et de navigation, avec des effets dévastateurs.

Du moins, pour l'Ibérie et L'Italie, le XVIIe siècle représenta une période sombre dont les sociétés espagnoles et italiennes émergèrent comme de simples ombres de ce qu'elles avaient été durant les époques dorées antérieures.

Certains pirates arabes étaient d'habile navigateur de haute mer, et terrorisèrent les chrétiens jusqu'à une distance de 1 600 km. Nous pensions que l'Angleterre était une redoutable puissance maritime dès l'époque de Françis Drake, mais pendant tout le XVIIe siècle, les pirates arabes opérèrent librement dans les eaux britanniques, pénétrant même dans l'estuaire de la Tamise pour faire des prises et des raids sur les villes côtières.

En seulement trois ans, de 1606 à 1609, la marine britannique reconnut avoir perdu pas moins de 466 navires marchands britanniques et écossais du fait des corsaires algériens.

Au milieu des années 1600, les Britanniques se livraient à un actif trafic transatlantique des Noirs, mais beaucoup des équipages britanniques eux-mêmes devenaient la propriété des pirates arabes.

Les attaques terrestres pouvaient être très fructueuses, comme nous l'avons vu, mais elles étaient plus risquées que les prises en mer. Les navires étaient par conséquent la principale source d'esclaves blancs. À la différence de leurs victimes, les navires corsaires avaient deux moyens de propulsion. Les esclaves des galères en plus des voiles.

Cela signifiait, qu'ils pouvaient avancer à la rame vers un bateau encalminé et l'attaquer quand ils le voulaient.

Ils portaient de nombreux drapeaux différents, donc quand ils naviguaient, ils pouvaient arborer le pavillon qui avait le plus de chances de tromper une proie.

Un navire marchand de bonne taille pouvait porter environ 20 marins en assez bonne santé, pour durer quelques années dans les galères, et les passagers étaient habituellement bons pour en tirer une rançon. Les nobles et les riches marchands étaient des prises attractives, de même que les Juifs, qui pouvaient généralement rapporter une forte rançon de la part de leurs coreligionnaires. Les hauts dignitaires du clergé étaient aussi précieux parce que le Vatican payait habituellement n'importe quel prix pour les tirer des mains des infidèles.

À l'approche des pirates, les passagers enlevaient souvent leurs beaux vêtements et tentaient de s'habiller aussi pauvrement que possible, dans l'espoir que leurs ravisseurs les rendraient à leur famille contre une rançon modeste. Cet effort, était inutile si les pirates torturaient le capitaine pour avoir des informations sur les passagers. Il était aussi courant de faire déshabiller les hommes, à la fois pour rechercher des objets de valeur cousus dans leurs vêtements et pour voir si des Juifs circoncis ne s'étaient pas déguisés en chrétiens.

S'ils étaient à court d'esclaves pour les galères, ils pouvaient mettre certains de leurs captifs au travail immédiatement, mais les prisonniers étaient généralement mis dans la cale pour le voyage de retour. Ils étaient entassés, pouvant à peine bouger dans la saleté, la puanteur et la vermine, et beaucoup mouraient avant d'atteindre le port.

Il fallut attendre la publication de la loi du député Victor Schoelcher en 1848, sous la seconde République et la forte autorité de l'administration Française pour faire cesser définitivement ces pratiques scandaleuses.

En 1846, Ahmed Bey I, fit une première tentative de réduction de l'esclavage, mais ce n'est qu'après le décret Français en 1890 que ce fléau disparut définitivement de Tunisie.

Seul l'honnête rétablissement de la connaissance des faits historiques réels permet d'éviter l'injustice des calomnieuses agressions contre un peuple qui ne les méritait pas, noirs et blancs confondus.

LA TRAITE DES SLAVES

L'esclavage inhérent au monde antique n'est pas réapparu au XVIIIe siècle en Europe avec la traite des Noirs à usage colonial vers les Antilles et l'Amérique. C'est ignorer son importance en Europe du Haut Moyen-âge et dans les pays slaves, mais aussi en Afrique et dans le monde musulman où il a duré des siècles.

Utilisé pour la première fois en 937, le terme latin sclavus / slaves remplacera ainsi le grec doulos et le latin servus.

Innombrables furent les Slaves victimes de la traite. Ceux d'Europe centrale jusqu'à leur conversion au catholicisme. Les actuels Slovènes, Croates, Tchèques, Moraves, Slovaques et Polonais.

En revanche, ceux d'Europe centrale et orientale restés chrétiens orthodoxes et, considérés comme hérétiques, donc dépourvus d' « âme ».

Les actuels Serbes, Bulgares, Roumains, Moldaves, Biélorusses, Ukrainiens et Russes, étaient victimes de la servitude,.

Cette traite, qui a concerné des centaines de milliers de captifs du VIIIe au XIIe siècle, fut le fait des trafiquants francs ou scandinaves, les Varègues, vers le monde musulman.

La conquête mongole, responsable d'un million de morts, a poursuivi la traite, soit directement, soit par l'intermédiaire des Génois du XIIIe au XVe siècle.

Enfin, près de deux millions et demi d'habitants d'Ukraine, de Biélorussie et de Moscovite furent razziés par les Tatars de Crimée de 1482 à 1760, pour le compte de l'Empire Ottoman.

Le trafic des êtres humains constituant au haut Moyen-âge, « l'article le plus important d'exportation » de l'Occident à destination de l'Orient.

La condition Humaine, des blancs en terre d'Islam dans le passé

Dès l'arrivée en Afrique du Nord, c'était la tradition de faire défiler les chrétiens récemment capturés dans les rues, pour que les gens puissent se moquer d'eux et que les enfants puissent les couvrir d'ordures.

Au marché aux esclaves, les hommes étaient obligés de sautiller pour prouver qu'ils n'étaient pas boiteux, et les acheteurs voulaient souvent les faire mettre nus, pour voir s'ils étaient en bonne santé. Cela permettait aussi d'évaluer la valeur sexuelle des hommes comme des femmes. Les concubines blanches avaient une valeur élevée, et toutes les capitales esclavagistes avaient un réseau homosexuel florissant.

Les acheteurs qui espéraient faire un profit rapide avec une forte rançon examinaient les lobes d'oreilles pour repérer des marques de piercing, ce qui était une indication de richesse. Il était aussi habituel de regarder les dents d'un captif, pour voir s'il pouvait survivre à un dur régime d'esclave.

Le pacha ou souverain de la région recevait un certain pourcentage d'esclaves comme une forme d'impôt sur le revenu. Ceux-ci étaient presque toujours des hommes, et devenaient propriété du gouvernement plutôt que propriété privée.

À la différence des esclaves privés, qui embarquaient habituellement avec leur maître, ils vivaient dans les bagnos ou « bains », ainsi que les magasins d'esclaves du pacha.

Il était habituel de raser la tête et la barbe des esclaves en public comme une humiliation supplémentaire, dans une période où la tête et la pilosité, étaient une part importante de l'identité masculine.

La plupart de ces esclaves publics passaient le reste de leur vie comme esclaves sur les galères, et il est difficile d'imaginer une existence plus misérable.

Les hommes étaient enchaînés trois, quatre ou cinq par aviron, leurs chevilles enchaînées ensemble aussi. Les rameurs ne quittaient jamais leur rame, et quand on les laissait dormir, ils dormaient sur leur banc. Les esclaves pouvaient se pousser les uns et les autres pour se soulager dans une ouverture de la coque, mais ils étaient souvent trop épuisés ou découragés pour bouger, et se souillaient là, où ils étaient assis. Ils n'avaient aucune protection contre le brûlant soleil méditerranéen.

Leur maître écorchait leur dos déjà à vif avec l'instrument d'encouragement favori du conducteur d'esclaves, un pénis de bœuf allongé ou « nerf de bœuf ». Il n'y avait presque aucun espoir d'évasion ou de secours. Le travail d'un esclave de galère était de se tuer à la tâche, principalement dans les raids pour capturer encore plus de malheureux comme lui, et son maître le jetait par-dessus bord au premier signe de maladie grave.

Quand la flotte pirate était au port, les esclaves de galères vivaient dans le bagno et faisaient tout le travail sale, dangereux ou épuisant que le pacha leur ordonnait de faire. C'était habituellement, taillé, traîner des pierres, draguer le port, ou les ouvrages pénibles. Les esclaves se trouvant dans la flotte du Sultan turc n'avaient même pas ce choix.

Ils étaient souvent en mer pendant des mois, et restaient enchaînés à leurs rames même au port. Leurs bateaux étaient des prisons à vie.

D'autres esclaves sur la côte barbaresque avaient des travaux plus variés. Souvent, ils faisaient du travail de propriétaire ou agricole du genre que nous associons à l'esclavage en Amérique, mais ceux qui avaient des compétences étaient loués par leurs propriétaires. Certains maîtres relâchaient simplement leurs esclaves pendant la journée avec l'ordre de revenir avec une certaine quantité d'argent le soir sous peine d'être sévèrement battus.

Les maîtres semblaient attendre un bénéfice d'environ 20 % sur le prix d'achat. Quoi qu'ils fissent, à Tunis et à Tripoli, les esclaves portaient habituellement un anneau de fer autour d'une cheville, et étaient chargés d'une chaîne pesant entre 11 ou 14 kg.

Certains maîtres mettaient leurs esclaves blancs au travail dans des fermes loin à l'intérieur des terres, où ils affrontaient encore un autre péril. La capture et un nouvel esclavage par des raids de Berbères. Ces infortunés ne verraient probablement plus jamais un autre Européen pendant le reste de leur courte vie.

Il n'y avait aucun obstacle à la cruauté :
« Il n'y avait pas de force équivalente pour protéger l'esclave de la violence de son maître. Pas de lois locales, contre la cruauté, pas d'opinion publique bienveillante, et rarement de pression efficace de la part des États étrangers ».

Les esclaves n'étaient pas seulement des marchandises, ils étaient des infidèles, et méritaient toutes les souffrances qu'un maître leur infligeait.

Tous les esclaves qui vécurent dans les bagnos et qui survécurent pour écrire leurs expériences soulignèrent la cruauté et la violence endémiques pratiquées ici. La punition favorite était la bastonnade, par lequel un homme était mis sur le dos et ses chevilles attachées. Il était suspendu par la taille pour être battu longuement sur la plante des pieds. Un esclave pouvait recevoir jusqu'à 150 ou 200 coups, qui pouvaient le laisser estropier.

La violence systématique transformait beaucoup d'hommes en automates. Les esclaves chrétiens étaient souvent si abondants et si bons marché qu'il n'y avait aucun intérêt à s'en occuper. Beaucoup de propriétaires les faisaient travailler jusqu'à la mort et achetaient des remplaçants.

Le système d'esclavage n'était cependant pas entièrement « sans humanité ».

Les esclaves recevaient habituellement congé le vendredi, jour de prière. De même quand les hommes du bagno étaient au port, ils avaient une heure ou deux de temps libre, chaque jour entre la fin du travail et avant que les portes du bagno ne soient fermées pour la nuit. Durant ce temps, les esclaves pouvaient travailler pour une paie, mais ils ne pouvaient pas garder tout l'argent qu'ils gagnaient. Même les esclaves du bagno étaient taxés d'une somme pour leurs logements sales et leur nourriture rance.

Les esclaves publics contribuaient aussi à un fonds pour entretenir les prêtres du bagno. C'était une époque très religieuse, et même dans les plus horribles conditions, les hommes voulaient avoir une chance de se confesser et, plus important, de recevoir l'extrême-onction.

Il y avait presque toujours un prêtre captif ou deux dans le bagno, mais pour qu'il reste disponible pour ses devoirs religieux, les autres esclaves devaient contribuer et racheter son temps au pacha.

Certains esclaves des galères n'avaient donc plus rien pour acheter de la nourriture ou des vêtements, bien que durant certaines périodes des Européens libres vivant dans les villes barbaresques contribuaient aux frais d'entretien des prêtres des bagnos.

Pour quelques-uns, l'esclavage devenait plus que supportable. Certains métiers, en particulier, celui de constructeur de navire, étaient si recherchés qu'un propriétaire pouvait récompenser son esclave avec une villa privée et des maîtresses.

Même quelques résidents du bagno réussirent, à améliorer leur condition. La loi interdisait strictement aux musulmans de faire le commerce de l'alcool, mais était plus indulgente avec les musulmans qui le consommaient seulement. Des esclaves entreprenants établirent des tavernes dans les bagnos et certains eurent la belle vie en servant les buveurs musulmans.

Une manière d'alléger le poids de l'esclavage était de « prendre le turban », et de se convertir à l'islam.

Cela exemptait un homme du service dans les galères, des ouvrages pénibles, et de quelques autres brimades indignes d'un fils du Prophète, mais ne le faisait pas sortir de la condition d'esclave pour autant.

L'un des travaux des prêtres des bagnos était d'empêcher les hommes désespérés de se convertir, mais la plupart des esclaves semblent ne pas avoir eu besoin de conseil religieux.

Les chrétiens pensaient que la conversion mettrait leur âme en danger, et elle signifiait aussi le déplaisant rituel de la circoncision adulte.

Beaucoup d'esclaves semblent, avoir enduré les horreurs de l'esclavage en les considérants comme une punition pour leurs péchés et comme une épreuve pour leur foi. Les maîtres décourageaient les conversions parce qu'elles limitaient le recours aux mauvais traitements et abaissaient la valeur de revente d'un esclave.

Pour les captifs, l'évasion était impossible. Ils étaient trop loin de chez eux, étaient souvent enchaînés, et pouvaient être immédiatement identifiés par leurs traits d'Européens. Le seul espoir était la rançon.

Parfois, la chance venait rapidement. Si un groupe de pirates avait déjà capturé tant d'hommes qu'il n'avait plus assez d'espace sous le pont, il pouvait faire un raid sur une ville et ensuite revenir quelques jours plus tard, pour reprendre les captifs à leurs familles.

C'était généralement à un prix bien plus faible que celui du rançonnement de quelqu'un à partir de l'Afrique du Nord, mais c'était encore plus que des paysans pouvaient se le permettre.

Les fermiers n'avaient généralement pas d'argent liquide, et pas de biens à part la maison et la terre.

Un marchand était généralement prêt à les acquérir pour un prix modique, mais cela signifiait qu'un captif revenait dans une famille qui était complètement ruinée.

La plupart des esclaves ne rachetaient leur retour qu'après être passés par l'épreuve du passage en pays barbaresque et de la vente à un spéculateur. Les riches captifs pouvaient généralement trouver une rançon suffisante, mais la plupart des esclaves ne le pouvaient pas.

Les paysans illettrés ne pouvaient pas écrire à la maison, et même s'ils le faisaient, il n'y avait pas d'argent pour une rançon.

La majorité des esclaves dépendait donc de l'œuvre charitable des Trinitaires, fondée en Italie en 1193, et celle des Mercedariens fondée en Espagne en 1203. Ceux-ci étaient des ordres religieux établis pour libérer les Croisés détenus par les musulmans, mais ils transférèrent bientôt leur œuvre au rachat des esclaves détenus par les Barbaresques, collectant de l'argent spécifiquement dans ce but.

Souvent, ils plaçaient des boîtes à serrure devant les églises avec l'inscription « pour la récupération des pauvres esclaves », et le clergé appelait les riches chrétiens à laisser de l'argent dans leurs vœux de rédemption. Les deux ordres devinrent des négociateurs habiles, et réussissaient habituellement à racheter les esclaves à des meilleurs prix que ceux obtenus par des libérateurs inexpérimentés.

Cependant, il n'y avait jamais assez d'argent pour libérer beaucoup de captifs, et le Prof. Davis estime que pas plus de 3 ou 4 % des esclaves étaient rançonnés en une seule année.

Cela signifie que la plupart laissèrent leurs os dans les tombes chrétiennes sans marque en-dehors des murs des villes.

Les ordres religieux conservaient des comptes précis de leurs succès.

Les Trinitaires espagnols, par exemple, menèrent 72 expéditions de rachats dans les années 1600, comptant en moyenne 220 libérations chacune. Il était habituel de ramener les esclaves libérés chez eux et de les faire marcher dans les rues des villes dans de grandes célébrations. Ces défilés devinrent l'un des spectacles urbains les plus caractéristiques de l'époque, et avaient une forte orientation religieuse.

Parfois, les esclaves marchaient dans leurs vieux haillons d'esclaves pour souligner les tourments qu'ils avaient subis.

Parfois, ils portaient des costumes blancs spéciaux pour symboliser la renaissance. D'après les archives de l'époque, beaucoup d'esclaves libérés ne se rétablissaient jamais, ou complètement après leurs épreuves particulièrement, sur le plan psychologique, surtout s'ils avaient passé beaucoup d'années en captivité.

Des recherches énormes ont été faites, pour évaluer aussi exactement que possible le nombre de Noirs emmenés à travers l'Atlantique, mais qu'il n'y a pas eu d'effort semblable pour connaître l'ampleur de l'esclavage en Méditerranée. Il n'est donc pas facile d'obtenir un compte fiable.

Les Arabes eux-mêmes, ne conservaient généralement pas d'archives, mais au cours des dix années de recherches le Prof. Davis a développé une méthode d'estimation.

Par exemple, les archives suggèrent que de 1580 à 1680, il y a eu une moyenne, de 35 000 esclaves en pays Barbaresque. Il y avait une perte régulière du fait des morts et des rachats, donc si la population restait constante, le taux de capture de nouveaux esclaves par les pirates devait égaler le taux d'usure. Il y a de bonnes bases pour estimer les taux de décès.

Par exemple, on sait que sur près de 400 Islandais capturés en 1627, il ne restait que 70 survivants huit ans plus tard. En plus de la malnutrition, de la surpopulation, de l'excès de travail et des punitions brutales, les esclaves subissaient des épidémies de peste, qui éliminaient généralement 20 à 30 % des esclaves blancs.

Par un certain nombre de sources, on estime donc que le taux de décès était d'environ 20 % par an. Les esclaves n'avaient pas accès aux femmes, donc le remplacement se faisait exclusivement par des captures.

Conclusions : « Entre 1530 et 1780, il y eut presque certainement un million et un quart de chrétiens européens blancs asservis par les musulmans de la côte barbaresque ».

Cela dépasse considérablement le chiffre généralement acccepté de 800 000, Africains transportés dans les colonies d'Amérique du Nord et, plus tard, dans les États-Unis.

Les puissances européennes furent incapables de mettre fin à ce trafic, abominable.

À la fin des années 1700, elles contrôlaient mieux ce commerce, mais, il y eut une reprise de l'esclavage des blancs pendant le chaos des guerres napoléoniennes.

La navigation américaine ne fut pas exempte, non plus de la prédation. C'est seulement en 1815, après deux guerres contre eux, que les marins américains furent débarrassés des pirates barbaresques. Ces guerres furent des opérations importantes pour la jeune république. Une campagne est rappelée par les paroles « vers les rivages de Tripoli », dans l'hymne de la marine.

Quand les Français prirent Alger en 1830, il y avait encore 120 esclaves blancs dans le bagno.

Pourquoi y a-t-il, si peu d'intérêt pour l'esclavage en Méditerranéen
----

Oui, pourquoi, y a-t-il, si peu d'intérêt pour l'esclavage en Méditerranée, alors que l'érudition et la réflexion sur l'esclavage des Noirs ne finissent jamais ?

Des esclaves blancs avec des maîtres non-blancs ne cadrent pas simplement avec les notions maître de l'impérialisme européen. C'était devenu un sujet tabou. Les schémas de victimisation si chers aux intellectuels requièrent de la méchanceté blanche, pas de souffrances blanches.

L'asservissement à grande échelle fait apparaître le mensonge d'un autre thème gauchiste favori : que l'esclavage des Noirs aurait été un pas crucial dans l'établissement des concepts européens de race et de hiérarchie raciale. Ce n'est pas le cas.

Pendant des siècles, les Européens vécurent eux-mêmes dans la peur du fouet, et un grand nombre assistèrent aux défilés de rachat des esclaves libérés, qui étaient tous blancs. L'esclavage était un sort plus facilement imaginable pour eux-mêmes, que pour les lointains Africains.

Avec un peu d'efforts, il est possible d'imaginer les Européens se préoccupant de l'esclavage des blancs, autant que celui des Noirs. Si, les Européens nourrissaient des griefs concernant les musulmans qui les ont mis en esclavage, de la même manière que les Noirs, fait par les esclavagistes, la politique européenne serait certainement différente.

Il n'y aurait pas d'excuses rampantes pour les Croisades, peu d'immigration musulmane en Europe, les minarets ne pousseraient pas dans toute l'Europe, et la Turquie ne rêverait pas de rejoindre l'Union Européenne.

Le passé ne peut pas être changé, et les regrets peuvent être pris à l'excès, mais ceux qui oublient paient aussi un prix élevé. Car on oublie souvent que l'histoire se répète.

L'histoire d'une attaque pirate

C'est aux environs de l'an 1000, alors que la Ciotat et Ceyreste ne faisaient qu'un, que l'on cite cette affaire, sur la base d'un événement bien réel.

« Lei Mlayure ! Lei Maure ! ».
Dévalant les rues étroites et tortueuses du village, le cri cent fois répété frappait à toutes les portes, des riches et des pauvres !« Lei Maure ! ».

Le cri angoissé, souligné par le tintement lancinant du Tocsin que le clocher répandait sur toute la campagne et les collines environnantes, annonçait à tous qu'un terrible danger les menaçait.
Les Maures !. C'était eux, les marchands d'esclaves, les terribles Razzieurs !. C'était une bande de ces pirates qui tentait le coup de main et convergeait vers ce creux de colline où tintait le bronze de la cloche !.

Incendiant au passage quelques bastides isolées, ils montaient vers le village qui, derrière ses remparts, portes fermées, attendait son heure.

D'où venait cette horde sauvage lancée à la curée ?. Sur quelle plage avaient-ils échoué leurs Chebecs, ces navires bondissant à la vague ?.
Nul n'en a jamais parlé...

La tour de guet du Marri-Mounié, là-haut sur la crête, était en feu, sûrement en répression d'avoir donné l'alerte et les pirates, maintenant se ruaient sur Ceyreste.

La grêle de projectiles qui arrêta leur assaut leur fit rapidement comprendre qu'un village résolu, n'est pas une simple tour de guet mal défendue !. Ils savaient, qu'ils ne pouvaient pas s'éterniser aux pieds des murailles. Ils n'étaient pas comme les Sarrasins qui montèrent à Poitiers.

Eux, n'étaient que des pirates venus de la mer, ils étaient à pieds, sans chevaux et déjà fort éloignés de leurs navires. Ils risquaient de voir surgir, des renforts aux assiégés. Alors, ils repassèrent à l'attaque !.

Une porte, peut-être moins bien défendue, ou d'aspect moins solide, les tentaient plus que les autres (peut-être la porte Rimade (brûlée), que l'on retrouve à Ceyreste). Ils entassèrent devant les vantaux des fagots de bois, de la paille et allumèrent le bûcher !. Le but était simple : enflammer le vieux bois pour l'affaiblir et enfoncer la porte avec un bélier, que déjà, un groupe apportait.

Mais, derrière la porte, la colère dépassant la peur, leurs assiégés étaient résolus à tout tenter pour empêcher le sac de leur village, ils savaient que les pirates étaient impitoyables, qu'ils les tueraient ou les emmèneraient en esclavage. Il fallait donc vaincre ou mourir.

Alors tout à coup, dans une clameur terrible, les vantaux s'ouvrirent et, tandis que les baquets d'eau noyaient le feu, au travers des flammes et de la fumée, bondirent comme des diables les hommes d'armes et les gens du peuple Ceyresten qui taillèrent en pièces leurs assiégeants, aussi bien à l'épée, qu'à la hache, à la lance ou à la faux.

Stupéfaits par la puissance de l'attaque, les pirates reculèrent, puis, poursuivis, s'enfuirent vers le nord-ouest, là où les vallons ne sont que gorges étroites et sauvages. L'histoire dit que, canalisés par les hautes parois rocheuses du vallon du Gendarme, ils fuirent jusqu'au Conquettes, le vallon des petites conques, où ils furent écrasés jusqu'au dernier par ceux qu'ils avaient cru surprendre.

Seuls purent rentrer chez eux, les marins laissés à la garde des navires. On dit que plus jamais Ceyreste ne fut attaqué par les Barbaresques qui durent se conter cette tragique histoire de navire à navire.

Avec la disparition des légions et des places-fortes de l'empire déchu, nos ancêtres gallo-romains vont connaître la menace permanente des invasions : barbares, Burgondes, Goths, et Normands se succédèrent.

Ce furent ensuite les Sarrasins qui, après avoir été battus en 732 par Charles Martel à Poitiers et après les défaites d'Arles et d'Avignon, établirent leur quartier général à la Garde-Freinet (Fraxinetum). Depuis cette base, les Maures venus d'Afrique du Nord et d'Espagne mirent à sac toute la côte méditerranéenne.

Du coup, vers le milieu du IXe siècle, tout le littoral fut abandonné par ses habitants, qui se retirèrent sur les hauteurs de 813 à 888, Toulon fut pillé sept fois, complètement détruit en 910 et resta désert jusqu'à la fin du Xe siècle. Les premiers ciotadens, encore dépendants de Ceyreste, se retranchèrent ainsi derrière les murs d'enceinte de l'oppidum de Césarista et le port resta longtemps abandonné.

Le danger des invasions sarrasines fut amoindri lorsque le Comte Guillaume 1er fit appel aux guerriers de provence, du Bas Dauphiné et de Nice, lesquels infligèrent aux pirates de cuisantes défaites.

Vers 1303, Charles II augmente la sécurité en réglementant la garde des côtes et en instituant des vigies.
Il s'agissait de faros, c'est-à-dire de feux, qui signalaient l'approche de bateaux ennemis. L'un d'eux fut établi au plus haut point du Cap de l'Aigle.
Un code permettait de préciser le nombre de Navires repérés sur la mer. Alors, le tocsin sonnait et appelait les gens dans les campagnes à venir se réfugier derrière les murs d'enceinte et à préparer la défense.

La vigie était gardée à tour de rôle par les gens de Ceyreste et ceux de la Ciotat, ce qui fut à l'origine de querelles et de la séparation des deux communes en 1429.

Cet exemple, peut être rapporté sur tout le littoral français.

Droit de la mer et des littoraux

En Méditerranée, entre le XVe et le début du XIXe siècle, sévissent comme nous l'avons raconté les pirates du pays berbère, l'actuel Maghreb.

Par déformation, la berbéris devient la Barbarie, nom resté attaché aux fruits de cactus que l'on appelle toujours, figues de barbarie. Et, les pirates deviennent évidemment les Barbaresques. Leurs principaux ports de refuge sont Tripoli, Tunis, Sidi Bou Saïd, Alger.

Ils agissent avec la complicité des pachas locaux, vassaux de l'empereur Ottoman, le sultan d'Istanbul. Les pachas tirent évidemment bénéfice de cette activité. Si le navire ou son pays de pavillon refusent de payer tribut pour bénéficier d'un passage paisible, les Barbaresques l'attaquent, volent la cargaison et s'emparent des personnes trouvées à bord. Elles seront libérées contre rançon ou vendues comme esclaves.

Pendant un temps, et bien que disposant d'une puissance navale considérable, l'Angleterre ne se résout pas à attaquer le phénomène de front.

Elle accepte de payer, chaque année un tribut au Dey d'Alger, le sultan, en échange duquel ses navires sont assurés de ne pas être inquiétés. En outre, durant la période des guerres de la révolution française et du Premier empire, la sécurité de navigation commerciale en Méditerranée devient une préoccupation secondaire des marines de guerre. Elle est donc délaissée.

Dans le même temps, le commerce avec le Maghreb, assuré jusque-là pour l'essentiel par les ports français de la rive nord, décline fortement.

Les pachas berbères, le Dey à Alger, le Bey à Tunis, le pacha de tripoli, se trouvent alors privés d'une source de revenus essentielle constituée par les taxes perçues sur les marchandises débarquées. Il en est de même pour les notables qui vivent autour d'eux (Voir le Livre de Daniel Panzac, les Corsaires barbaresques. La fin d'une épopée, 1800-1820, CNRS éditions-Méditerranée, 1999, page 63). Il leur faut compenser ces pertes. Dans le contexte des guerres de la Révolution et de l'Empire, la solution va encore être pour eux l'activité pirate.

Mais au fait, s'agit-il de pirates ou de corsaires ?

Il faut en effet, se demander s'il s'agit de piraterie ou d'une activité corsaire. Certains historiens spécialistes de ce domaine, comme Daniel Panzac, considèrent qu'il s'agit d'une activité de course, donc de corsaires, plus que de piraterie.
Par définition, les pirates agissent seuls, pour leur propre compte, dans l'unique but de s'enrichir. Au contraire, des corsaires qui agissent sur commande d'un monarque contre les navires d'une puissance ennemie désignée. Le but est d'affaiblir sa puissance navale et de couper ses voies d'approvisionnement, tout en s'enrichissant aussi par les prises réalisées.

Alors, Pirates ou corsaires, nos barbaresques ?

En droit, l'affaire est délicate. Certes, la plupart du temps, ils agissaient en accord avec leurs pachas régnant sur la rive de la Méditerranée. Leurs intentions n'étaient pas exemptes non plus de visées politiques, quand elles prenaient la forme d'une sorte de djihad naval.

Mais, un autre aspect de la question peut nous inciter à les qualifier de pirates. Le régime dit, des capitulations ottomanes (terme issu du latin capitulum). Tous ces pachas locaux étaient vassaux du Grand seigneur, l'empereur d'Istanbul. Ce dernier avait consenti aux puissances navales du Nord, chrétiennes, France, Angleterre, Pays-bas, toujours après une phase de négociations diplomatiques, un régime officiel d'immunité qui protégeait leur commerce en Méditerranée, ainsi que leurs navires dans tous les ports de l'empire (sur la nature juridique et la portée des capitulations ottomanes Jean Paul Pancracio - l'évolution historique du statut international du chef d'état -Paris, Pedone 2002 pp 21 et suiv.).

Ainsi, selon nous, le fait que ces attaques contre les navires des puissances chrétiennes aient pu perdurer, et même, se développer en dépit des capitulations accordées par l'empereur ottoman, auquel étaient soumis les pachas berbères, peut faire pencher vers la qualification de piraterie. Les marins barbaresques n'étaient pas couverts par le souverain, l'empereur, dont ils dépendaient via leur pacha.

L'entrée en Jeu des Marines et de l'Us Navy 1801-1805

Aussi surprenant que cela paraisse, ce sont les États-Unis, qui vont intervenir dans la lutte contre les pirates barbaresques durant la période de latence européenne due aux guerres de la révolution et de l'Empire. Le célèbre corps des marines doit sa naissance, à la décision que prend la jeune nation de sécuriser son commerce méditerranéen.

À la fin du XVIIIe siècle, le commerce maritime des États-Unis, déjà très actif en Méditerranée, ne peut s'accommoder de ces attaques. Jeune démocratie qui s'est formée contre le despotisme (constitution fédérale de 1787), les États-Unis perçoivent là, une nouvelle manifestation du despotisme, contre une liberté essentielle, vitale, celle des mers.

Thomas Jefferson va être l'artisan de la riposte. Lors d'une mission de négociation à Londres en 1785, aux côtés de John Adams, il apprend de l'envoyé du pacha de Tripoli que ceux qui refusent de payer tribut pour transiter en Méditerranée font offense aux pachas berbères et que le djihad maritime est dans ce cas prescrit par le Coran !.

En 1801, les États-Unis rejettent une nouvelle fois une demande de tribut.

Le pacha de Tripoli leur déclare alors ostensiblement la « guerre pirate », tandis que d'autres attaques venant de la côte algérienne se multiplient. La même année, les États-Unis déplorent la capture de la nouvelle frégate Philadelphia, fleuron de leur flotte, par les pirates de Tripoli.

Cette même année 1801, Jefferson organise la première opération américaine contre la piraterie barbaresque. Il se passe de l'accord initial du Congrès tout en faisant à cette occasion la démonstration de l'utilité d'un pouvoir fédéral fort et de la nécessité pour le pays de disposer d'une marine de guerre puissante.

Une escadre américaine bombarde par surprise Alger et Tripoli. Elle inflige de lourdes pertes et destructions à ces deux ports, reprend la frégate Philadelphia, et contraint les pachas à libérer tous les otages américains détenus.

À posteriori, en 1802, le Congrès des États-Unis valide l'opération navale en même temps que la nécessité d'une présence durable de l'US Navy en Méditerranée.

Une nouvelle et audacieuse opération est menée en 1805. Débarqué en Égypte, à Alexandrie, un commando du nouveau corps de Marines, constitué à cet effet, parcourt 800 km par la voie de terre et atteint la ville de Derma. Il s'en empare le 27 avril 1805 avec l'aide des canons des navires américains qui suivent au large son cheminement. Le commando ne parvient toutefois pas à atteindre Tripoli.

Reste que la puissance des pirates barbaresques ne sera plus jamais ce qu'elle était avant ces opérations. Un nouveau coup est porté aux Barbaresques par une escadre anglo-hollandaise, la flotte britannique était accompagnée de six navires hollandais, en 1816. Cette escadre attaquera également les refuges des pirates des Caraïbes. En 1830, la colonisation française de l'Algérie signe l'arrêt définitif de l'activité des pirates de la côte berbère.

La conquête française, si lourde de conséquences pour la France comme pour l'Algérie, résulte d'un imbroglio dérisoire.

En 1798, le gouvernement du Directoire achète du blé à la Régence d'Alger, pour les besoins de l'expédition du général Bonaparte en Égypte. Le blé est financé par un emprunt de la France auprès des familles juives d'Alger. Celles-ci, demandent une garantie du dey qui gouverne la ville.

En 1827, le dey d'Alger, Hussein, frappe « du manche de son chasse-mouches », le consul de France Deval, un affairiste qui refuse non sans insolence de s'engager sur le remboursement du prêt.

Le président du ministère français, Villèle, demande réparation au dey pour l'offense faite à son consul n'obtient aucun semblant d'excuse.

Confronté, deux ans plus tard à la fronde des députés, le roi Charles X éprouve le besoin de restaurer au plus vite son image. C'est ainsi que, le 3 mars 1830, dans le discours du trône, il évoque pour la première fois l'idée d'une expédition punitive destinée à obtenir réparation de la dette ainsi qu'à détruire le repaire de corsaires installé dans la régence d'Alger et mettre fin à l'esclavage.

Le comte Louis de Bourmont, ministre de la Guerre dans le gouvernement Polignac, est nommé « Commandant en chef de l'expédition en Afrique ».

Les journaux de l'opposition multiplient les critiques à l'égard de ce militaire sans envergure. « M.de Bourmont veut être maréchal : il mérite le bâton !» Écrit le Figaro. En définitive, il aura bien le bâton de maréchal à l'issue de l'expédition d'Alger.

Mais, la flotte appareille du port de Toulon avec 453 navires, 83 pièces de siège, 27 000 marins et 37 000 soldats.

La prise d'Alger a eu lieu en 1830

L'expédition forte de nombreux hommes quitte Toulon le 17 mai 1830 pour Palma.

Le corps expéditionnaire était composé de :
L'infanterie qui était répartie en trois divisions :
La Ie division, -Berthezène- (bridages Poret de Morvan, Achard et Clouet),
La 2e division, Loverdo (brigades Damrémont, Monck d'Uzer et Colomb d'Arcine),
La 3e division, du duc des Cars, brigades Bertier, Hurel et Montlivaud.
La cavalerie était constituée par :
Un régiment de chasseurs d'Afrique formé de deux escadrons du 17e et d'un du 13e chasseur.
L'artillerie, commandée par Lahitte, comprenait :
5 batteries de campagne.
10 batteries de siège avec 2 300 artilleurs.

Le génie commandé par Valazé, fort de 1 300 hommes, comprenait :
Deux compagnies de mineurs, six de sapeurs et un demi-train du génie.
Les fonctions de chef d'état-major étaient remplies par le lieutenant-général Desprez, celles de sous-chef par le maréchal de camp Tholozé.
L'intendance, dirigée par l'intendant-général Denniée.
Le 25 mai, enfin la flotte mis la voile. Elle arriva en vue d'Alger le 31 mai 1830. Elle séjourna sur rade jusqu' au 14 juin 1830.

Tandis que les Turcs cherchaient à accroître leurs forces en appelant aux armes toute la population de la Régence, en essayant d'entraîner le Bey de Tunis, qui ne se prononça pas contre nous, et le bey de Tripoli, qui parla de faire prêcher la guerre sainte dans les mosquées.

Hussein pacha le Dey d'Alger, disposait de :
5 000 janissaires, 5 000 Coulouglis, 10 000 Maures algériens, 30 000 Arabes des beyliks du Tittery, d'Oran et de Constantine commandés par l'Agha Ibrahim.

Le 14 juin, à 4 heures du matin, l'opération commença.

Le point choisi était la baie de Sidi-Ferruch, à 25 kilomètres à l'Ouest d'Alger. Cette baie présentait une plage de sable d'abord facile, bordée de batteries de défense et flanquée au Nord-est par la péninsule de Torretta Chica, portant une tour carrée et un fortin.

En une heure, toute la 1re division eut débarqué et fut suivie de la seconde. Le Général de Bourmont prit terre à 6 heures 1/2 et ordonna d'enlever les batteries. Celles-ci, prises sous le feu de l'artillerie navale dès le début de l'opération, tombèrent aux mains de la brigade Poret de Morvan (3 B de ligne, 2e et 4e légers) à 11 heures.

En fin de journée, les troupes françaises, qui avaient pris 13 canons et 2 mortiers, occupaient une position en arc de cercle englobant la plage et la presqu'île. Le génie commença la construction d'un camp retranché.

Bien qu'il eût hâte d'arriver au but, le général de Bourmont était obligé d'être prudent. Le moindre échec pouvait être fatal.

Il fallait attendre le convoi laissé à Palma et transportant le matériel de siège. Il n'arriva que le 28 mai 1830. Le Général de Bourmont s'était plaint de cette lenteur dans une lettre au ministre de la Marine.

Aussi, les premiers bonds en avant eurent-ils lieu, sous forme de contre-attanques. La première fut effectuée le 19 juin et nous mena au plateau de Staouëli.

La bataille eut lieu sur le plateau de Staouëli.

Les troupes de l'Agha Ibrahim avaient exécuté le 15, quelques attaques du genre de celles de la veille, mais sans plus de succès. Le 19, à la pointe du jour, elles attaquèrent sur tout le front.

À l'extrême gauche de notre ligne, les assaillants marquèrent quelques progrès et mirent un moment en péril la brigade Clouet. Les combattants étant mêlés, les canons de la flotte ne pouvaient intervenir.

C'est alors qu'une brillante contre-attaque de la brigade Colom d'Arcine (23e et 29e de ligne), général en tête, rétablit la situation et chasse l'assaillant. L'avance était de 4 km. Nos pertes se montaient à : 44 tués et 473 blessés.

Le 24 juin, il attaqua de nouveau. Nos troupes le refoulèrent et, progressant de 8 km vers l'est, s'arrêtèrent à Sidi Khalef.

Un officier fut blessé mortellement, c'était un des quatre fils du général de Bourmont qui prenaient part à l'expédition.

Les 25, 26, 27 et 28 juin se passèrent en attaques incessantes contre nos nouvelles positions encore insuffisamment assises sur le terrain.

L'Agha Ibrahim avait été remplacé à la tête des troupes par le bey du Tittery, Mustapha Bou Mezrag, qui passait pour plus énergique. Il devenait urgent d'en finir.

Le 28, le général de Lahitte annonça que son matériel était débarqué et disponible. Le Général de Bourmont fixa au lendemain l'attaque décisive. Nos troupes occupèrent les hauteurs de la Bouzaréa, en fin de journée, elles étaient à portée de canon de la Casbah et devant le Fort de l'Empereur, que le troupier, plein de souvenirs récents, appelait déjà le Fort Napoléon.

La mise en place des batteries commença aussitôt et fut achevée, le 3 juillet 1830 au soir.

La prise d'Alger a eu lieu en 1830. Le 4 juillet 1830, le bombardement commença. À 700 mètres, il fut rapidement efficace. À 8 heures, la forteresse cessa de répondre. Le bombardement continua. À 10 heures, une formidable explosion se produisit, détruisant la tour centrale et crevant le front nord-ouest. Les occupants s'étaient repliés sur la ville et avaient fait sauter le magasin de poudre.

Trois compagnies du 25e de ligne se précipitèrent dans le fort. Les batteries turques furent immédiatement retournées contre la ville, et les travaux d'approche vers la Casbah entamés.

Au début de l'après-midi, une secrétaire du Dey se présentait au fort l'Empereur pour entrer en négociation. Celle-ci fut menée rapidement, deux essais d'intervention du Consul Britannique étant écartés.

Le lendemain, 5 juillet, le Dey acceptait la capitulation, stipulant :
1°- la remise aux Français des forts et de la Casbah,
2°- le respect des richesses personnelles du Dey et la faculté pour lui et les siens de se retirer, où bon lui semblerait,
3°- les mêmes avantages pour les miliciens turcs,
4°- le libre exercice de la religion musulmane pour les indigènes, ainsi que le respect de leur liberté, de leurs propriétés, de leur commerce, de leur industrie, de leurs femmes.

Le jour même, les troupes françaises occupaient les forts et la Casbah.
Le nombre total de tués du corps expéditionnaire depuis le débarquement s'élevait à 415, et 2 160 blessés dans le corps expéditionnaire, 48 millions de francs prélevés dans son trésor permettent de couvrir les frais de l'expédition.
Le 15 juillet, le Dey Hussein s'embarquait pour Naples, les Janissaires furent transportés en Asie Mineure.

Le régime turc avait cessé d'exister à Alger, entraînant l'effondrement de la Régence, au moment où s'écroule en France la Monarchie restaurée.

Les soldats français se livrent quant à eux à une mise à sac de la ville qui ternit leur victoire.

Conquête de l'Algérie par la France

La conquête de l'Algérie par la France se réalise en plusieurs étapes distinctes, du débarquement de l'armée d'Afrique à Sidi-Ferruch le 14 juin 1830 ; commandée par le général de Bourmont, jusqu'à la reddition formelle de l'émir Abd el-Kader au duc d'Aumale, le 23 décembre 1847. Cette conquête se conclut par l'annexion de l'Algérie à la République française, via la création des départements français d'Algérie en décembre 1848.

Dès 1830, la conquête de l'Algérie est accompagnée d'une colonisation de peuplement : les militaires français deviennent des colons en s'installant et aménageant le territoire conquis.

Les pionniers sont, par la suite, rejoints par des compatriotes tels les Corses ou les Alsaciens-Lorrains dont la région a été annexée par l'Allemagne en 1870, et également par des immigrants étrangers arrivant par vagues successives des pays méditerranéens frontaliers, surtout d'Espagne, mais aussi d'Italie et de Malte, possession britannique depuis 1814.

Les ressortissants d'Allemagne et de Suisse sont également encouragés à prendre part à la colonisation.
La première étape de la conquête commence avec la Régence d'Alger, la partie septentrionale de l'Algérie, le Sahara étant un territoire associé, bien qu'indépendant, de juin à juillet 1830, et prend fin avec la signature de l'accord de soumission du régent d'Alger Ahmed Dey, le 5 juillet 1830 à Alger.

La seconde étape commence avec la conquête de l'État d'Abd El-Kader de 1832 à 1847 et s'achève officiellement avec la signature de l'armistice signée par l'émir Berbère Abd El-Kader à Sidi Tahar le 23 décembre 1847. Il remet sa reddition au capitaine Bazaine le 21.

Les territoires de l'ex-régence d'Alger et ceux de l'État algérien sont annexés à la France en 1848, par la création de trois départements. Département d'Oran à l'ouest, département d'Alger au centre, et le département de Constantine à l'est.

La dernière étape, concerne le Sud algérien et est la conquête de mai à décembre 1902 qui prend fin avec le traité de soumission de la confédération touarègue Kel Ahaggar du Sahara en décembre 1902. Ceci entraîne la création des deux départements du Sahara. Département de la Saoura à l'ouest et département des Oasis à l'est.

La régence d'Alger, dont le territoire correspond à la partie non-saharienne de l'Algérie actuelle, est théoriquement une dépendance de l'Empire ottoman, en fait quasi indépendante. Elle est dirigée par le dey d'Alger, vassal du sultan de l'Empire ottoman.

Le territoire de la régence est réparti entre le territoire du sultan, Alger, le Sahel et la Mitidja, et trois beyliks, dont les responsables, les beys, sont des vassaux du dey : les beyliks du Titteri, chef-lieu : Médéa, d'Oran et de Constantine.

La régence est en déclin depuis le début des guerres napoléoniennes qui limitent le commerce en Méditerranée.

En 1802 à 1821, le pays est en proie à la violente dissidence des tribus de l'arrière-pays et à la rébellion des populations qui affichent ouvertement leur désir de se débarrasser de la Régence (révolte de Belahrach).

Sur le plan militaire, la flotte d'Alger était dépassée et ne pouvait plus tenir tête aux marines des pays européens. À partir de 1815, les flottes britanniques et françaises dominent la Méditerranée. Cependant, Alger résiste une dernière fois à un bombardement britannique, de Lord Exmouth.

Les revenus du dey d'Alger baissent et se retrouvent gravement compromis à la suite d'obscures manœuvres orchestrées par deux négociants algériens, Busnach et Bacri. Pour compenser la perte des revenus maritimes et du commerce, celui-ci accroît la pression fiscale, mal supportée par la paysannerie.

Pour échapper au pouvoir central, une partie de la population,, celle des hauts-plateaux, se nomadise. Une autre partie, les Montagnards, déclare la guerre au pouvoir. La production de blé algérien se heurte au monopole de spéculateurs peu scrupuleux et à la concurrence de l'Europe de l'Est, et la chute de l'Empire français.

La crise sociale déclenche une crise politique, le dey d'Alger semble contesté par les beys.
L'implosion intérieure est effective dans les années 1820, où le pays est fragilisé. La perte de sa flotte de combats à la célèbre bataille de Navarin le 20 octobre 1827, livre le pays au blocus maritime étranger.

Cela commence en juin 1827 et va durer trois ans. La disette pousse le reste de la population dans l'action armée qui prend la forme d'une guérilla larvée contre les représentants de la Régence.

Le gouvernement français avait attendu trois ans après le coup d'éventail de 1827, (raison affichée de la conquête). En fait, le gouvernement du prince de Polignac espérait non seulement revivre les conquêtes militaires de Napoléon et consolider l'influence française dans le bassin occidental de la Méditerranée, mais aussi juguler l'opposition intérieure pour renouer avec le prestige de la monarchie dont rêvait Charles X.

Un blocus maritime est mis en place. L'invasion est conseillée par Polignac, afin de sauver la situation intérieure française. Charles X avoue vouloir retrouver l'esprit des victoires de Cortès, avec l'espoir de conquérir l'Afrique.

Charles X était à court de trésorerie et la colère du peuple parisien menaçait, dès lors, l'immense pactole que constituait la fortune du Dey d'Alger, sa convoitise et celle de quelques aventuriers. S'emparer de ce trésor pouvait ainsi représenter un objectif majeur de cette expédition.

Charles X, saisit alors l'occasion pour monter une expédition punitive sur les côtes algériennes. Cette opération militaire doit lui permettre de contenir l'attention de l'opinion publique face aux difficultés intérieures.

L'une des raisons avancées pour justifier l'opération est, de se débarrasser des pirates barbaresques qui infestaient la mer Méditerranée depuis trois siècles, et dont un des repaires était justement le port d'Alger, et de mettre fin à l'esclavage subi par les populations chrétiennes.

Si ces deux facteurs correspondaient à des réalités historiques, et si la traite négrière continuait d'exister sous la Régence, il ne restait en 1830 qu'un petit nombre d'esclaves chrétiens en Algérie, la majorité des chrétiens dans la province ottomane étant des travailleurs libres.

Quant aux pirates, ils avaient fortement réduit leurs activités depuis le XVIIIe siècle. Le Dey avait dû, renoncer en 1818 à la traite des esclaves chrétiens comme à la piraterie suite à l'intervention de la flotte britannique deux ans plus tôt, soit plus de dix ans avant le conflit avec la France.

En 1800, lors de la campagne d'Égypte de Bonaparte, deux négociants algériens, Busnach et Jacob Bacri, proposent au Directoire de ravitailler en blé l'armée française. Le contrat est signé et le dey d'Alger avance l'argent pour toute l'opération. Les caisses du Directoire sont vides et le paiement est ajourné. Une fois au pouvoir, Napoléon repousse à la fin de la guerre le paiement de ses créances. Sous la Restauration, le gouvernement de Louis XVIII rembourse la moitié de la somme, l'autre partie étant bloquée dans le cadre d'un arbitrage juridique. Trente ans après l'emprunt, en 1830, le dey d'Alger n'a toujours pas été payé.

Recevant le 30 avril 1827, en audience le consul de France Pierre Deval, le dey lui demande la réponse du roi de France à trois lettres « amicales », qu'il lui avait écrites.
Le consul lui répondant que le roi, ne peut lui répondre, et ajoutant, aux dires du dey « des paroles outrageantes pour la religion musulmane » (que le dey ne précise pas d'ailleurs), celui-ci le frappe « deux ou trois fois de légers coups de chasse-mouche ». Il n'y eut donc jamais de soufflet ou de coup d'éventail, mais un prétexte tout trouvé pour créer un incident diplomatique qui sera exploité par la diplomatie française.

Le dey refusant de présenter ses excuses, l'affaire est considérée par la France comme un casus belli entraînant l'envoi d'une escadre pour opérer le blocus du port d'Alger. L'escalade diplomatique conduira à l'expédition d'Alger.

En juin 1827, le gouvernement français envoie deux missions à Alger, la première est chargée d'évacuer le consul Deval ainsi que tous les ressortissants français d'Alger, la seconde doit adresser un ultimatum au dey d'Alger. La mission d'évacuation est remplie le 11 juin 1827 par la goélette la Torche, tandis que le capitaine Collet, arrivé peu après à bord de la Provence, est à la tête d'une division navale chargée de la mission de négociation. Les relations diplomatiques entre Paris et Alger étant rompues, le consul de Sardaigne Datili de la Tour, fait office de médiateur en adressant un ultimatum de 24 heures au dey, dont le rejet entraînerait le blocus et la guerre d'Alger.

Les conditions imposées par cet ultimatum étaient :
« 1°- tous les grands de la Régence, à l'exception du dey, se rendront à bord du vaisseau la Provence pour faire, au nom du chef de la Régence, des excuses au consul de France.

2°- à un signal convenu, le palais du Dey et tous les forts arboreront le pavillon français et le salueront de cent un coups de canon.

3°- les objets de toute nature, propriété française, et embarqués sur les navires ennemis de la Régence, ne pourront être saisis à l'avenir.

4°- les bâtiments portant pavillon français, ne pourront plus être visités par les corsaires d'Alger.

5°- le dey, par un article spécial, ordonnera dans le royaume d'Alger des capitulations entre la France et la Porte ottomane.

6°- les sujets et les navires de la Toscane, de Lucques, de Piombino et du Saint-Siège, seront regardés et traités comme les propres sujets du roi de France ».

Le pacha Hussein Dey rejeta l'ultimatum, le blocus du port d'Alger fut ainsi formé.

L'affaire de l'éventail, est le casus belli, qui provoque le blocus maritime d'Alger par la marine française.

Le 4 octobre 1827, quelques embarcations de l'escadre de la régence tentent de forcer le blocus. Elles sont détruites par la marine française.

L'équipage d'une chaloupe de la frégate française Duchesse de Berry est massacré et décapité par un millier d'Algériens, près de Dellys à l'est d'Alger, les têtes mutilées sont vendues au dey d'Alger 100 piastres la pièce.

Si l'affaire de l'éventail est une première provocation qui a pour conséquence le blocus maritime d'Alger en 1827, c'est une seconde provocation en 1829, alors que la France lève le blocus et tente de négocier qui provoque la conquête d'Alger.

Le bâtiment de la marine royale française, la Provence monté par l'amiral de la Bretonnière, commandant les forces navales du roi dans ces parages, et battant pavillon parlementaire arrive dans la rade d'Alger le 30 juillet 1829, précédé du brick l'Alerte.

Le 3 août 1829, les négociations entre les parlementaires et le dey d'Alger échouent, le Bretonnière quitte le port quand son navire, est bombardé par les batteries d'Alger. L'amiral ne riposta pas par égard à son pavillon, « une seule bordée aurait compromis sans gloire, son caractère de parlementaire », ce qui aurait provoqué la solidarité du capitaine britannique

Quin, commandant la corvette la Pilorus s'écriant « Don't fire, my boys, keep up close to the wind ! » (ne faites pas feu, mes enfants serrez le vent !).

Mais, l'insulte faite à la France constitua un échelon supplémentaire vers l'opération de représailles terrestres qui eut lieu en 1830 avec le débarquement de Sidi-Ferruch.

L'objectif de l'opération militaire demeure flou. On parle d'indemnités que la France ferait payer au dey. Mais, déjà certains songent à la conquête de ces terres, au riche potentiel.

Le 3 juillet 1830, la Provence navire amiral de l'escadre de l'Amiral Duperré participe au bombardement d'Alger, en support des troupes débarquées. Le 14 juillet 1830, un mois après le débarquement victorieux de Sidi-Ferruch et neuf jours après la prise d'Alger, le bateau la Provence est rebaptisé, Alger.

L'état-major français bénéficie d'un plan de débarquement, reconnaissance des forts et batteries d'Alger, dressé par un officier du génie sous le Premier Empire, Vincent-Yves Boutin. Le capitaine Boutin est envoyé en espion dans la régence en 1808, sur ordre de Napoléon. Celui-ci prépare la suite, et après, la Campagne d'Égypte (1798-1801), avec un débarquement à Alger et une colonisation de l'Afrique du Nord. Afin de ne point éveiller les soupçons des Ottomans, Boutin est officiellement envoyé auprès du consul général français à Alger Dubois de Thimville (le frère du général).

Il accomplit sa mission d'espionnage du 24 mai 1808 au 16 juillet 1808, ses relevés lui permettent non seulement d'établir Sidi-Ferruch, comme lieu propice au débarquement, mais, également d'élaborer un plan de contournement d'Alger dont l'itinéraire emprunte, Staoueli, Sidi Khalef et le fort de l'Empereur.

Du reste, son rapport suggère l'emploi d'une force d'invasion s'élevant à 35 000 / 40 000 hommes et contient des recommandations à l'adresse de la future armée d'occupation.

Quinze ans après l'assassinat de Boutin par les Hashashins syriens, le commandant en chef du corps expéditionnaire contre la régence d'Alger Louis de Bourmont (ministre de la guerre), assisté du commandant de la flotte Duperré mettent en application son travail de 1808. Travail, qui du reste sert de base au géographe Charles Picquet pour son « Aperçu historique », statistique et topographique sur l'état d'Alger. À l'usage de l'armée expéditionnaire d'Afrique publié par le dépôt de la guerre en 1830.

À l'occasion du centenaire du débarquement français, les autorités d'Alger rendent hommage à Boutin avec l'inauguration d'une table d'orientation à son nom.

Avant que l'avenir de la Régence ne soit fixé, Bourmont va de l'avant, encouragé par des chefs algérois ralliés à la France. Il fait occuper Bône (général Damrémont), Oran et Mers el-Kébir, mais ces détachements sont rappelés à Alger début août en raison des évènements politiques en France.

Le 23 juillet, il fait une incursion jusqu'à Blida au sud de la plaine de la Mitidja, mais est contraint à une retraite immédiate. À cette époque a lieu une réunion de chefs de tribu au Bordj Tementfous (26 juillet), qui décide la résistance à la présence française. Le chef de la tribu des Iflissen, Ben Zamoun, se joint à ce mouvement.

Le 11 août, le nouveau ministre de la guerre, le général Gérard communique officiellement à Bourmont la nouvelle de la Révolution de juillet.

Bourmont, ministre de la Guerre du gouvernement Polignac, envisage une intervention en France, mais l'armée, ainsi que l'amiral Duperré, refusent de suivre Bourmont et s'exile en Espagne.

Il est remplacé par le général Clauzel, en poste du 2 septembre 1830 au mois de février 1831.

Clauzel entre d'abord en négociation avec les beys du Titteri (Médéa), d'Oran et de Constantine pour qu'ils acceptent le protectorat de la France. Les trois opposent un refus catégorique. Le bey de Constantine, Ahmed, se déclare indépendant à l'instar de la régence de Tunis.

En ce qui concerne le beylik du Titteri, le mandat de Clauzel est marqué par l'expédition menée contre Blida puis Médéa en novembre 1830.

Le bey Mostéfa Boumezrag est remplacé par un négociant d'Alger, Ben Omar. Mais, Blida doit être évacuée dès la fin novembre et Médéa l'est en janvier 1831, Ben Omar restant, cependant en place jusqu'en juillet.

En ce qui concerne Oran et Constantine, Clauzel mène des négociations, avec Hussein, bey de Tunis. Aux termes de deux conventions, il confie ces beyliks à des membres de la famille d'Hussein, sous un statut peu clair. Les textes français et arabes sont différents.

En l'occurrence, il agit inconsidérément, car sa fonction ne l'autorise pas à négocier le sort de provinces de la régence avec une puissance étrangère.

Ahmed Bey est déclaré déchu en décembre 1830 et remplacé, en théorie, par Sidi Mustapha, frère d'Hussein.

Oran est occupé par le général Damrémont en janvier 1831, le bey Hassan est exilé et remplacé en février par Sidi Ahmed, fils de Sidi Mustapha.

Sidi Ahmed vient effectivement résider à Oran, sans y jouer un rôle très marquant. La plus grande partie du beylik d'Oran, en effet sous le contrôle du sultan du Maroc, Moulay Abderrahmane, qui tient Tlemcen et Mascara et, est reconnu par les tribus arabes.

Par ailleurs, Clauzel est un fervent partisan de la colonisation, mais, les conditions ne sont pas mûres et ses tentatives, la ferme expérimentale d'El Harrach, se soldent par un échec, vu l'insécurité qui règne en dehors d'Alger.

Désavoué à propos de ses négociations avec la Tunisie, il démissionne en février 1831 et est remplacé par le général Berthezène.

Le principal épisode de la période Berthézène est son expédition à Médéa en juin 1831, pour contrer la rébellion menée par Oulid Boumezrag, fils de l'ancien bey, suivie d'une campagne de terre brûlée dans la région. Mais, dès le début juillet, il décide d'abandonner totalement Médéa, emmenant Ben Omar.

La retraite de la colonie française jusqu'à Alger, est assez dure et dans toute l'Afrique du nord-est perçue comme une défaite de la France, relançant les rébellions dans la région d'Alger, mais aussi en Oranie.

Berthézène est par ailleurs chargé de régler l'affaire franco-tunisienne en obtenant le retrait des beys tunisiens.

Le bey d'Oran est rapatrié le 31 août 1831, et la responsabilité d'Oran est confiée au général Boyer, qui très vite s'y comporta, comme l'indique son surnom (acquis en Espagne), de « Pierre le Cruel ».

Par ailleurs, Berthezène, qui est d'une honnêteté scrupuleuse, dénonce régulièrement les agissements de nombreux officiers qui profitent de l'état d'anarchie régnant dans le pays. Le maréchal Soult le relève de son commandement dès la fin de l'année. À sa place, il nomme le général Savary, duc de Rovigo.

Savary commence par établir une ligne de forts pour protéger le Sahel d'Alger. Pointe-Pescade, Bouzaréa, Dély-Ibrahim, Birkadern, Kouba, Maison Carrée, permettant de circuler en sécurité en dehors de la ville même.

Dans le Constantinois, un groupe d'une trentaine d'hommes menés par les capitaines d'Armandy et Yusuf (alias Joseph Vantini) réussit en avril 1832, à prendre le contrôle de la ville de Bône, jusque-là soumise au bey de Constantine, Ahmed Bey. Bône est ensuite occupée par le général Monck d'Uzer avec 3 000 hommes.

En Oranie, l'année 1832 est marquée par le retrait des Marocains de Moulay Abderrahmane à la suite d'une mission diplomatique française, mais aussi par l'avènement d'Abd el-Kader, reconnu en novembre comme, émir des Arabes, par les tribus de la région de Mascara.

Dans l'ensemble, le duc de Rovigo laisse un mauvais souvenir de son passage en Algérie, du fait de son comportement fondé sur le « droit du vainqueur », et le mépris ouvert pour les indigènes, ce qui l'amène à cautionner ou à commettre des actes assez odieux.

Dès son arrivée, il procède au transfert de la mosquée Ketchaoua au culte catholique, refusant une mosquée moins importante ou la construction d'un bâtiment adapté.

Ensuite, la construction d'une route militaire d'Alger à Dély-Ibrahim donne lieu, au niveau de la porte de Bab el-Oued, à la destruction sans précaution de deux cimetières musulmans.

Enfin, à la fin de son mandat, il fait exécuter deux notables de Blida attirés à Alger avec saufs-conduits et promesses solennelles.

Tombé malade au début de 1833, Savary est rapatrié en mars pour mourir en juin. Il est remplacé, d'abord par le général Avizard, puis par le général Voirol.

En avril 1833, le général Voirol est nommé le commandant en chef par intérim. Son mandat dure jusqu'au 27 juillet 1834.

Durant son gouvernement a lieu l'occupation de Bougie, par une colonne commandée par le général Trézel, le 29 septembre 1833.

À Oran, le général Desmichels, qui agit de façon autonome, occupe Azew et Mostaganem, et en février 1834 conclut avec l'émir Abd el-Kader un traité auquel Voirol n'a aucune part.

Dans les environs d'Alger, Voirol se préoccupe de la situation dans la Mitidja où les tribus des Hadjouthes font régner l'insécurité. Il fait établir un poste à Douera, mais son projet d'installer une garnison à Blida échoue faute des renforts demandés au gouvernement.

Un aspect important de cette période est l'élaboration du premier statut de l'Algérie, défini par l'ordonnance du 22 juillet 1834.

Jusqu'en 1833, la question algérienne est traitée par les Chambres à l'occasion du vote des crédits militaires, qui sont acceptés aux termes de discussions où s'opposent des anticolonialistes, comme Hippolyte Passy, Xavier de Sade, et les colonialistes, comme notamment le général Clauzel.

Pour faire avancer la question, le gouvernement établit en 1833 une Commission spéciale qui enquête du 2 septembre au 19 novembre et rend un rapport dénonçant les nombreuses exactions commises depuis 1830 et concluant au maintien de l'occupation restreinte à quelques villes sous réserve d'établir une administration plus correcte. En décembre, les membres de la Commission spéciale sont intégrés à une Commission supérieure dont le rapport du 7 mars 1834, va dans le même sens.

La décision finale n'est pas confiée aux Chambres. C'est l'exécutif qui par l'ordonnance du 22 juillet définit un statut des possessions françaises du Nord de l'Afrique (ancienne régence d'Alger), selon lequel :

La législation pour l'Algérie aura lieu par ordonnance. Ce point sera, par la suite, contesté, puisque c'est une ordonnance qui donne le pouvoir de légiférer par ordonnance.

L' Algérie sera dirigée par un gouverneur-général nommé par le Ministère de la Guerre et sous sa tutelle, ayant des pouvoirs civils et militaires, nommant les commandants des autres places Oran, etc. Seul habilité à avoir des relations avec le gouvernement.

Les pouvoirs du gouverneur-général sont ensuite précisés par l'arrêté du Ier septembre 1834.

Suite à l'ordonnance du 22 juillet, Théophile Voirol est rappelé et le poste confié par le ministre Jean-Baptiste Gérard au général Drouet d'Erlon.

En juillet 1834, il est donc le premier gouverneur-général en Algérie, précisément : gouverneur-général des possessions françaises en Afrique du Nord.

Le traité conclu par le général Desmichels avec Abd El-Kader est rapidement considéré comme trop avantageux pour l'émir, à quoi s'ajoute les distorsions entre les textes français et arabes. Le général Desmichels tombe en disgrâce.

En février 1835, Drouet d'Erlon le remplace par le général Trézel. Celui-ci mène une politique favorable aux tribus hostiles à Abd El-Kader, ce qui entraîne une reprise du conflit. Le général Trézel, subit un échec grave lors de la bataille de la Macta le 28 juin 1835. Il est relevé de ses fonctions par le gouverneur général, qui est cependant aussi sanctionné. Le gouvernement décide de le remplacer par le général Clauzel, pour mener une politique plus énergique.

Le général Clauzel est persuadé qu'une conquête rapide de l'Algérie, par lui-même, est envisageable.

Il cherche d'abord à régler le problème d'Abd El-Kader et lance une colonne, qu'il dirige lui-même, contre Mascara, capitale de l'émir en novembre et décembre 1835. La ville est prise, mais évacuée presque aussitôt. En janvier 1836, une expédition a lieu contre Tlemcen, qui est aussi prise. Cette fois, une garnison est laissée dans la citadelle.

Abd El-Kader n'a offert qu'une résistance minimale, bataille de l'Habrah, décembre 1835, et ses forces ne sont pas atteintes.

Estimant la situation stabilisée en Oranie, Clauzel se consacre ensuite à la soumission d'Ahmed Bey à Constantine.

Mais, Abd El-Kader, ayant repris le contrôle de Mascara et plus ou moins bloqué la garnison de Tlemcen, intervient contre un camp installé à l'embouchure de la Tafna le 25 avril.

Le général Bugeaud est alors envoyé en Oranie et remporte la victoire de la Sikkak le 6 juillet, qui permet de rétablir, la situation d'ensemble dans la région.

Les difficultés politiques pour préparer l'expédition aboutissent à une opération tardive et insuffisante, première expédition de Constantine, novembre 1836, sous la seule responsabilité de Clauzel. L'échec de l'expédition entraîne son éviction et son remplacement par le général Damrémont.

La prise de contrôle du Constantinois est l'objectif majeur du mandat de Damrémont.

La première étape est la neutralisation d'Abd El-Kader, réalisée par le général Bugeaud, nommé commandant à Oran, qui signe avec l'émir le traité de la Tafna le 30 mai 1837. Abd El-Kader reçoit le contrôle, hors zones occupées par la France, de l'Oranie, du Titteri et de territoires, délimités de façon peu claire, à l'Est d'Alger.

Les crédits militaires votés à Paris au début de 1837, incluent des renforts pour une expédition contre Constantine et le gouvernement donne cette fois, l'ordre explicite autorisant celle-ci. Damrémont négocie alors avec Ahmed Bey, qui refuse de se soumettre aux conditions posées.

L'expédition a donc lieu en septembre-octobre, dirigée par Damrémont, assisté par le général Valée (artillerie) et le duc de Nemours, commandant d'une des quatre brigades.

La ville est prise le 13 octobre, mais Damrémont a été tué le 12. Le commandement revient à Valée, qui est désigné comme gouverneur-général le 25 octobre.

La première tâche du gouverneur est l'organisation du Beylik de Constantine. Il reprend contact avec Ahmed Bey, lui proposant de revenir à son poste moyennant soumission. Celui-ci refuse de nouveau. C'est donc un officier qui devient commandant à Constantine, mais le contrôle du territoire non occupé est confié à des chefs indigènes, dont certains ex-officiers d'Ahmed Bey :

Les Khalifas Ben Aïssa (Sahel constantinois), El Hamlaoui (Ferjioua) et Mokrani (pleine de la Mejana).
Le « cheikh des Arabes », (nommé en 1830 par le bey) Ben Gana (Sud constantinois et Sahara).
Les caïds des tribus Hanencha (Souk Ahras), Harakta (Aïn Beïda) et Amer Cheraga.

Un autre problème posé par la prise de Constantine concerne la région des Monts Bibans, où passe le trajet le plus direct entre Alger et Constantine « les Portes de fer ». Dans le traité de la Tafna, le statut de cette zone n'est pas clairement établi, mais Abd El-Kader considère qu'elle relève de son autorité. Valée négocie avec lui une modification du traité, refusée par l'émir. Valée décide de passer outre et, en octobre 1839, une colonne française effectue le passage des Portes, sans encombre grâce à l'influence du cheikh El Mokrani sur les tribus locales.

Abd El-Kader réagit par une déclaration de guerre formulée à deux reprises par lettres des 3 et 18 novembre. Le 20 novembre 1839 a lieu l'attaque de la plaine de la Mitidja. La ligne des forts français est enfoncée et la journée aboutie à la mort de 108 personnes et la destruction des fermes.

Les colons et les soldats se replient à Alger.

Valée est alors soumis à des vives critiques, notamment de la part de Bugeaud, député de la Dordogne. Mais, il est protégé par Thiers, ce qui lui permet de rester en place jusqu'au retour de Soult, en octobre 1840. Il obtient quelques renforts qui lui permettent d'occuper Cherchell et Miliana, mais, la situation d'ensemble difficile. Un des épisodes de cette période est la bataille de Mazagran, en février 1840, qui a un grand retentissement en France.

Valée est démis en décembre et Bugeaud, qui propose l'adoption d'une nouvelle stratégie est, après quelques hésitations, nommé gouverneur-général en janvier, intérim du général Schramm.

Le 26 juillet 1830, les chefs religieux appellent à la résistance et au djihad.

Finalement, c'est le régime de la Monarchie de juillet qui s'entend avec les dirigeants algériens pour organiser un nouvel ordre local, mais de nombreuses tensions de pouvoir demeurent, et une résistance s'organise notamment avec Abd El-Kader, à partir de 1832. Les Tribus se réunissent dans un idéal de guerre sainte, afin de constituer un territoire autonome, contre la France et l'Empire Ottoman.

En 1834, deux pouvoirs commençaient à se stabiliser. D'un côté, dans le Constantinois, le Bey Hâj Ahmed s'était maintenu et était décidé à tenir tête à la fois aux forces d'occupation françaises et aux troupes de l'émir. De l'autre côté, un peu plus à l'Ouest, un jeune marabout mystique issu d'une famille noble, âgé de 24 ans, nommé Abd El-Kader avait gagné la confiance de quelques tribus de la région de Mascara qui le reconnaissent émir ou Sultan. Ce dernier voulait à tout pris mener une guerre sainte
(jihâd), contre les envahisseurs et, ce qui restait du pouvoir turc. Toutefois, il accepta la paix que le général Desmichels, lui accordait.

Le général Desmichels avait donc fait d'Abd El-Kader son allié et l'autorisait, en lui fournissant même des armes, à s'opposer à certaines rébellions. Paradoxalement, la France finit par financer les rébellions des tribus ralliées à la cause de l'émir, tout en encourageant ce dernier à les combattre.

Le traité signé en 1834 par le général Desmichels reconnaît Abd El-Kader comme prince des croyants, et autorise les Arabes à acheter et vendre de la poudre, du soufre et des armes.

Il place également le commerce d'Arzew sous le gouvernement d'Abd El-Kader. Ce dernier prend peu à peu sous son commandement la partie de la province d'Oran qui s'étend du Chélif au Maroc. En juin 1835, le général Trézel, en cherchant à protéger les tribus hostiles à Abd El-Kader est défait sur la Macta.

Le général Clauzel, est de nouveau nommé gouverneur de l'Algérie pour venger l'échec des armées françaises. La campagne menée par le maréchal est une victoire militaire se terminant par la prise de Mascara. Cependant, la mobilité des troupes de l'émir, sa capacité à frapper vivement et à se dérober ensuite, et à inquiéter les retraites laborieuses de l'armée française, affaiblissent les troupes du maréchal sans affaiblir, celles d'Abd El-Kader. Au contraire, les lourdes contributions de guerre effectuées sur les habitants du pays font balancer les cœurs du côté de l'émir.

C'est sans tarder que, Abd El-Kader prend sa revanche sur la Tafna aux dépens du général d'Arlange.

En juin 1836, la France envoie le général Bugeaud avec trois régiments pour dégager les troupes enfermées dans le camp de la Tafna, et ravitailler celles qui occupent le méchouar de Tlemcen. Le général mène une campagne-éclair, défait les troupes d'Abd El-Kader et s'embarque pour la France. Pourtant, la puissance et le prestige de l'émir ne faiblissent pas.

Le général Bugeaud est rappelé avec, pour mission de combattre l'émir à outrance, s'il ne parvient à signer une paix convenable avec lui. Il est appelé avec un commandement indépendant du général Damrémont, nommé gouverneur général de l'Algérie.

Il signe avec Abd El-Kader le traité de Tafna en mai 1837, qui donne à l'émir les provinces d'Oran, Titteri et une partie de la province d'Alger. Ce dernier devient de fait le souverain de toute l'ancienne régence d'Alger, et le chef temporel de l'ensemble des tribus. Le général Bugeaud espère par ce traité gouverner l'Algérie par les mains d'Abd El-Kader.

Mais, ce traité est aussi une composition d'amour-propre entre le général Bugeaud et le général Damrémont.

Abd El-Kader a su profiter de la rivalité entre eux, ouvrir des négociations avec l'un et l'autre, et en faisant craindre au général Bugeaud que le général Damrémont ne le gagne pas de vitesse, parvient à arracher ce traité. En l'espace de six semaines, il établit un gouvernement national, un impôt juste, appuyé sur la lettre du Coran, et forme des troupes régulières pour veiller sur le pays qui lui abandonne le traité. Il se regarde à juste titre comme le sultan de l'Algérie.

Ensuite, en août 1839, Abd El-Kader qui s'efforçait de construire un État avec l'aide de conseillers anglais, prussiens et polonais, se décida à reprendre la guerre sainte. Il commença par mettre au tapis, la vallée de la Mitidja.

Le général Valée ne put pas faire grand chose, car, il prétexta qu'il n'avait que 40 000 hommes, pour faire face à 3 000 hommes. Il est vrai que les soldats de l'armée d'Afrique étaient peu habitués à ce nouveau type de guerre.

Il demanda des renforts, mais on le remplaça par le général Bugeaud.

En 1841, la France envoie des renforts dirigés par le général Jean-René Sillègue, alors en poste à Marseille, qui est chargé de « pacifier » la région de Sétif et la Kabylie. En 1843, ils remportent une grande victoire.

Il combattit Ahmed Bey – ou - Hadj Ahmed Bey (1784-1850), dernier bey de Constantine, et l'une des grandes figures de la résistance au colonialisme, qui avait dû s'enfuir après la prise de Constantine en 1836 et continua jusqu'en 1848, dans les Aures.

Le 25 août 1842, le général Jean-René Sillègue pénètre dans le pays des Amouchas, nom d'un village au nord de Sétif, et fait face à Ahmed Bey, qui a rallié la tribu des Ouled Nasser.

Le général Sillègue y trouve un rassemblement de deux à trois mille kabyles, qu'il attaque et met en déroute, après avoir tué plus de cent d'entre eux. Le 26 août, les troupes sous ses ordres ont de nouveau gagné la bataille. Le 10 septembre suivant, il défit la cavalerie d'Hadj Ahmed Bey au pied du Djbel-Eoii-Taleb, et parvient à anéantir son influence sur les tribus du Tell. Une sorte de guérilla se met en place, pour finalement être lentement refoulée vers le Maroc au fur et à mesure de la défection successive des tribus.

Une intervention française dans ce dernier pays lui faisant perdre ce soutien, Abd El-Kader, confronté à l'empire du Maroc, aux tribus algériennes, qui se sont retournées contre lui et à plus de 100 000 soldats de l'armée française à ses trousses, doit donc se rendre. Il choisit de le faire sur ses terres. L'armée française d'Afrique contrôle alors, tout le nord-ouest de l'Algérie.

Abd El-Kader se rend au duc d'Aumale le 23 décembre 1847, le cérémonial est basé sur la remise de la jument de l'émir aux autorités françaises en signe de soumission. Abd El-Kader est emprisonné en France métropolitaine pour cinq ans, Napoléon III lui rend la liberté au Château d'Amboise le 16 octobre 1852.

Après la capitulation du Dey d'Alger le 5 juillet 1830, les « possessions françaises sur la côte septentrionale de l'Afrique », voient commencer la colonisation européenne, italienne, espagnole, maltaise et corse en majorité complétés par des alsaciens-lorrains déportés, alors que des campagnes de pacification contre les mouvements de révolte locale sont toujours en cours.

En juillet 1857, des tribus de Kabyle se rendent aux Français, la capture de la Maraboute Lalla Fatma N'Soumer, met un terme à la résistance, mais les Kabyles se soulèvent plusieurs fois encore jusqu'au début des années 1870. Les tentatives d'implanter une population française vers l'intérieur des terres, à Constantine, donnent des résultats mitigés. La plus grande partie des colons préfèrent encore le littoral.

Les années 1870-1871, ont vu la révolution des cheikhs El Mokrani (bachagha de la Mejana) et El Haddad (chef de la confrérie Rahmania). L'Algérie, jusque-là administrée par des militaires dans le cadre des bureaux arabes, sont remplacés par des fonctionnaires civils.

Les chefs de tribus guerrières qui avaient accepté de se soumettre à des généraux n'entendaient nullement obéir à des civils venus tout droit de Paris, d'autant que ceux-ci amenaient avec eux la « normalisation républicaine » au détriment de l'ordre social traditionnel maintenu jusque-là.

Cette erreur politique contribua largement à l'extension de la révolte. L'insurrection toucha principalement, le centre et l'est du pays.

Les conséquences de cette insurrection se traduisent par une expropriation massive des biens immobiliers des tribus et leur distribution à des colons venus d'un peu partout. Le gouvernement d'Alger encouragea une colonie de peuplement. Des Italiens, des Anglo-Maltais, des Espagnols, des Sardes, des Siciliens, des Alsaciens, des Lorrains, des Calabrais et des Napolitains vinrent tenter leur chance dans ce pays qu'on leur présentait comme un nouveau paradis.

Contrairement à ce que l'on pourrait penser, la conquête ne s'est pas fait du nord au sud, puisque les montagnes ont encore une fois été le dernier refuge de l'indépendance. Dans le sud, la prise sanglante de Laghouat et de Touggourt, la soumission des Beni-M'zab du Mzab en 1852, et celle du Souf, reculent les limites de l'Algérie jusqu'au grand désert. Mais un chef de tribu du sud-ouest, le Cheikh Bouamama, continue de résister avec succès de 1882 jusqu'en 1902.

L'Algérie n'a joué qu'un rôle tardif dans l'histoire de la culture du coton et cinq ans après le début de la conquête, l'idée d'y cultiver cette plante est encore émergeant, malgré des cours mondiaux élevés. L'histoire de la culture du coton en Algérie en décolle vraiment que dans les années 1850 à l'instigation de l'État et s'accompagne d'une démarche d'installation de planteurs européens, organisés par des compagnies soutenues financièrement par l'État Français.

Les premières années de guerre de 1830 à 1848, c'est-à-dire de la prise d'Alger à la fin de la résistance d'Abd El-Kader, ont occasionné près de 100 000 décès dans l'armée française. À ce chiffre, il faut ajouter les soldats décédés entre 1849 et 1875, qui sont inconnus.

Les pertes sont dues principalement à la suite de maladies contractées en Algérie, choléra, fièvre, paludisme, etc.

Dans le livre « l'Algérie française » édité en 1862, les pertes civiles et militaires françaises sont estimées à 15 000 personnes par année, paludisme, choléra, et typhus, soit un total théorique de 480 000 âmes sur 32 années.

Les estimations contemporaines de la population algérienne avant la conquête française de 1830 oscillent entre 3 et 5 millions d'habitants. Les tribus insurgées de 1871-1872, amendées d'une somme de 65 millions de francs (70 % du capital), et les confiscations de terres, entrainent une forte perturbation économique, une famine et une épidémie dévastatrice.

La population connaîtra un recul quasiment constant durant la période de conquête jusqu'à son étiage en 1872, ne retrouvant finalement un niveau de trois millions d'habitants qu'en 1890. On peut découper cette période de l'évolution démographique algérienne en trois phases. De 1830 à 1856, sa population tombe de 3 à moins de 2,5 millions. Elle remonte ensuite jusqu'à 2,7 millions en 1861, avant de connaître sa chute la plus brutale à 2,1 millions en 1871.

La diminution observée lors de la première phase de conquête tient pour une grande part dans la violence des méthodes utilisées par l'armée française, attestée par de nombreux témoignages. De retour d'un voyage d'enquête en Algérie, Tocqueville écrit que « Nous faisons la guerre de façon beaucoup plus barbare que les Arabes eux-mêmes (…), c'est quant à présent de leur côté que se situe la civilisation ». En disant cela, il a totalement oublié le passé, pourtant si proche.

L'objectif de la « pacification » est comme le déclare le colonel de Montagnac d' « anéantir tout ce qui ne rampera à nos pieds comme des chiens ».

La politique de la terre brûlée, décidée par le gouverneur-général Bugeaud, a des effets dévastateurs sur les équilibres socio-économiques et alimentaire du pays : « Nous tirons peu de coups de fusil, nous brûlons tous les douars, tous les villages, toutes les cahutes ; l'ennemi fuit partout en emmenant ses troupeaux ». Selon Olivier Le Cour Grandmaison, la colonisation de l'Algérie se serait ainsi traduite par l'extermination du tiers de la population, dont les causes multiples, massacres, déportations, famines ou encore épidémies, seraient étroitement liées entre elles.

Après l'accalmie consécutive à la fin de la première phase de conquête 1866-1872, on observe à nouveau se creuser le déficit démographique algérien. En raison d'un cycle de six années où se mêlent les répressions de l'armée française, un tremblement de terre, le développement d'une épidémie de choléra et de la famine qui sévit en 1868, la population diminue de plus de 500 000 personnes. Selon Augustin Bernard, la famine de 1868 serait responsable à elle seule de 300 000 à 500 000 morts.

Des tribus entières ont fait l'objet de déportation et de bannissement. Les grandes familles Maures, d'origine espagnole de Tlemcen s'exilent en Orient, au Levant, tandis que d'autres émigrent ailleurs. Les tribus jugées trop turbulentes sont bannies et certaines se réfugient en Tunisie et au Maroc, voire en Syrie. D'autres tribus sont déportées en Nouvelle-Calédonie ou en Guyane.

La crise démographique est telle que, dans une étude démographique de plus de trois cent pages sur l'Algérie, le Docteur René Ricoux, chef des travaux de la statistique démographique et médicale au bureau de statistique du gouvernement général de l'Algérie, prévoit tout simplement la disparition des « indigènes » algériens.

Le phénomène est interprété comme une conséquence des opérations militaires françaises, mais, aussi des conditions nouvelles imposées aux indigènes dont les caractéristiques les condamnent « à une lente mais inéluctable disparition ». Pour le professeur Ricoux comme pour nombre de ses contemporains des milieux scientifiques, une loi de la sélection naturelle voue les races les « plus faibles » à disparaître devant les races dites « supérieures ».

Les prévisions du démographe Ricoux n'adviennent jamais. Une fois terminée, la phase de conquête du pays, la population algérienne connut une croissance continue.

La fréquence, la virulence et l'extension géographique des épidémies, reculèrent peu à peu à partir de 1880 ou 1890, avec l'installation de l'administration civile, la fin des opérations de pacification, et des déplacements de populations, l'amélioration de l'alimentation et, après la Première Guerre mondiale, la généralisation des contrôles sanitaires ou l'amélioration progressive de l'hygiène dans les villes.

Il faudra néanmoins attendre la fin des années 1940, pour les voir disparaître de la région.

VICTOR HUGO et la conquête de l'Algérie

Sous la monarchie de juillet, les dénonciations, en France de la conquête de l'Algérie apparaissent assez isolées.

On trouve parfois, une certaine réprobation de la violence coloniale chez les responsables de l'opposition démocrate, mais la plupart d'entre eux se rallient tacitement ou explicitement au projet colonial, à commencer par celui de colonisation de l'Algérie.

L'attitude d'un grand esprit comme Victor Hugo, défenseur du droit et des miséreux, est révélatrice de cette attitude. Né en 1802, il est contemporain des premières guerres d'Algérie et, dans les dernières années de sa vie, il voit se former sous ses yeux le projet d'empire colonial républicain. Pourtant, il ne consacre spécifiquement aucune œuvre, ni aucun article à la colonisation.

Sous la monarchie de juillet, les quelques lignes qu'il laisse dans ses carnets, à la fin des années 1830, le font apparaître comme un ferme partisan de la colonisation de l'ancienne Régence d'Alger :

« Algérie. La colonisation militaire doit couvrir et envelopper la colonisation civile, comme la muraille couvre et enveloppe la cité. La colonisation militaire, c'est une muraille vivante. Quel meilleur obstacle qu'un camp français ?. Mettez le soldat en avant du colon comme vous mettez un fer au bout d'une lance ».

Dans les années 1840, on sait qu'il rencontre à deux reprises Bugeaud. Une première fois en janvier 1841, à la veille du départ de celui-ci pour Alger où Louis-Philippe vient de le nommer gouverneur, et une seconde fois en 1846, Hugo étant devenu pair de France et Bugeaud venant le trouver pour qu'il soutienne ses propositions pour la colonisation de l'Algérie et les demandes budgétaires qui en découlent. Hugo n'en parle pas lui-même, mais sa femme Adèle a laissé des notes qui relatent leurs conversations.

En 1841, elle révèle un désaccord entre Bugeaud et Hugo. Non pas que le général ait pu se montrer réservé envers la colonisation. Probablement, la divergence tenait-elle à ce qu'il soutenait l'idée de colonies militaires et Hugo celle de l'émigration de civils. Bugeaud venait de dire à la Chambre :

« J'ai toujours considéré l'Algérie comme le plus funeste des présents que la Restauration ait fait à la révolution de juillet, mais puisque mon pays y est, je désire qu'on ne se débatte pas dans une impuissance douteuse... Il faut coloniser parce que vous ne pouvez, retirer la plus grande partie de cette armée qu'en établissant une population fortement et militairement constituée ».

Toujours est-il, que Hugo plaide nettement en faveur de la colonisation :
« Je crois que notre nouvelle conquête est chose heureuse et grande. C'est la civilisation qui marche sur la barbarie. C'est un peuple éclairé qui va trouver un peuple dans la nuit. Nous sommes les Grecs du monde, c'est à nous d'illuminer le monde.

Notre mission s'accomplit, je ne chante qu'Hosanna.

Vous pensez autrement que moi, c'est tout simple. Vous parlez en soldat, en homme d'action. Moi, je parle en philosophe et en penseur ».

De la seconde rencontre, en 1846, Adèle écrira, vingt ans après celle-ci :

« Bugeaud, viens trouver Victor Hugo, alors pair de France, pour le prier de parler dans la question du budget. Bugeaud dit qu'après expérience, il avait acquis la conviction que l'annexion de l'Algérie à la France avait d'excellents côtés, qu'il avait trouvé un système de colonisation applicable, qu'il peuplerait la Mitidja, grand plateau au milieu de l'Afrique, de colons civils, qu'à côté, il élèverait une colonie de troupes. Il prit pour comparaison une lance, le manche serait le civil, la flèche serait la troupe, de façon que les deux colonies se touchassent sans se mêler ».

Adèle, qui attribue à Bugeaud la formule que Hugo avait lui-même notée dans ses carnets, une dizaine d'années avant cette rencontre, témoigne de l'unité de vues qui régnait, à ce moment, entre les deux hommes.

Quelques années après, Hugo paraît moins catégorique. Apprenant la nouvelle de la reddition d'Abd El-Kader en décembre 1847, il semble satisfait, mais désapprouve la décision de Louis-Phillipe de l'emprisonner en France alors que la liberté lui avait été promise :

« Si la parole de la France est violée, ceci est grave ».

Et, dans son discours d'ouverture du Congrès de la Paix qu'il préside à Paris en août 1849, un discours tout entier dirigé vers la lutte pour la paix et contre la misère, c'est une émigration pacifique européenne dans les autres parties du monde, et non la colonisation par la force, qu'il préconise, sans pour autant, il est vrai, faire de distinction claire entre l'une et l'autre, dans un moment où le discours colonial cultive abondamment l'ambiguïté. Il plaide ainsi pour que les cent vingt-huit milliards des budgets européens pour la guerre soient dépensés pour la paix :

« Au lieu de se déchirer entre soi, on se répandrait pacifiquement sur l'univers ! Au lieu de faire une révolution, on ferait des colonies ! Au lieu d'apporter la barbarie à la civilisation, on apporterait la civilisation à la barbarie ! L'Asie serait rendue à la civilisation, l'Afrique serait rendue à l'homme ».

Ce qui reprend l'opposition manichéenne entre civilisation et barbarie qui est au cœur du discours colonial.

C'est plus tard, quand il est contraint à l'exil par le coup d'État de Napoléon III de décembre 1851, et qu'il rencontre à Jersey un ancien officier de l'armée d'Afrique devenu exilé républicain, qu'il laisse, dans les « Choses vues », une courte note qui le montre informé et indigné de la barbarie de l'armée en Algérie :

« L'armée faite féroce par l'Algérie. Le général le Flô me disait hier soir, le 16 octobre 1852 :

« Dans les prises d'assaut, dans les razzias, il n'était pas rare de voir les soldats jeter par les fenêtres des enfants que d'autres soldats en bas recevaient sur la pointe de leurs baïonnettes. Ils arrachaient les boucles d'oreille aux femmes et les oreilles avec, ils leur coupaient les doigts des pieds et des mains pour prendre leurs anneaux. Quand un Arabe était pris, tous les soldats devant lesquels il passait pour aller au supplice lui criaient en riant : cortar cabeza !.

Le frère du général Marolles, officier de cavalerie, reçut un enfant sur la pointe de son sabre, il en a du moins la réputation dans l'armée, et s'en est mal justifié ».

Atrocités du général Négrier. Colonel Pélissier : les Arabes fumés vifs. Mais cette réflexion ne semble écrite que pour lui-même, comme si, lui si prompt à combattre l'injustice, il ne voyait dans ces épisodes scandaleux nulle matière à hurler fortement au scandale...

De même, un peu plus tard, autour de 1861 : « Tlemcen, Mascara, Pélissier, Négrier etc. L'armée d'Afrique devient tigre, « allusions à des faits qu'il connaissait donc ».

Massacre de femmes et d'enfants de l'oasis de Zaatcha. Bastonnade des contribuables de Tlemcen par Yussuf pour percevoir l'impôt. Incendie de Mascara par Clauzel. Enfumades de civils aux gorges de Dahra par le colonel Pélissier, et violence sanguinaire déployée par le général Négrier, lorsqu'il commandait la province de Constantine, qui bien qu'il soit défendu par Bugeaud, a provoqué son rappel en 1842 par le maréchal Soult, président du Conseil et ministre de la Guerre.

En 1862, dans le chapitre des Misérables où il dresse le bilan du règne de Louis-Philippe, il revient sur sa parole trahie à Abd El-Kader, et dans sa liste de « ce qui accuse », le souverain, ajoute la violence de la conquête de ce pays :

« L'Algérie trop durement conquise et, comme l'Inde par les Anglais, avec plus de barbarie que de civilisation, le manque de foi à Abd El-Kader ». C'est de cette époque que datent ses propos contre les expéditions au Mexique et en Chine.

Mais la condamnation reste discrète.

Et, la République restaurée, Hugo ne dénonce, ensuite, ni la poursuite de la colonisation de l'Algérie, ni l'intervention française en Tunisie en 1881.
Au contraire, à la fin de sa vie, il prononce, lors d'un banquet commémoratif de l'abolition de l'esclavage, le 18 mai 1879, en compagnie de Schoelcher, un « discours sur l'Afrique », où il exalte sans détour la colonisation par les puissances européennes. « L'Asie a son histoire, l'Amérique a son histoire, l'Australie elle-même a son histoire, qui date de son commencement dans la mémoire humaine ; l'Afrique n'a pas d'histoire ; une sorte de légende vaste et obscure l'enveloppe. Les deux peuples colonisateurs, qui sont deux grands peuples libres, la France et l'Angleterre, ont saisi l'Afrique ; la France la tient par l'ouest et par le nord, l'Angleterre la tient par l'est et par le midi.
Voici que l'Italie accepte sa part de ce travail colossal. Au XIXe siècle, le Blanc a fait du Noir un homme ; au XXe siècle, l'Europe fera de l'Afrique un monde ».

Oubliant ce qu'il sait fort bien de la violence de la conquête, il entretient le mythe de la colonisation pacifique :

« Peuples ! Emparez-vous de cette terre. Prenez-la. À qui ? À personne. Prenez cette terre à Dieu. Où les rois apporteraient la guerre, apportez la concorde.

Prenez-la, non pour le canon, mais pour la charrue ; non pour le sabre, mais pour le commerce ; non pour la bataille, mais pour l'industrie : non pour la conquête, mais pour la fraternité ».

Conscient, comme Tocqueville, de la barbarie de la conquête, pas davantage que lui, il n'en tire les conséquences. Son reproche à Louis-Philippe d'avoir trahi sa parole à Abd El-Kader, il ne l'étend pas, comme il aurait été logique de le faire, à la IIe République qui l'a gardé prisonnier.

Seul le risque de voir l'armée d'Afrique ramener en France ses pratiques de violence exacerbée l'aura finalement inquiété. Dans Napoléon-le-petit, il décrit ainsi l'armée tirant sur les hommes et les femmes :

« Un chef de bataillon vociférait :
– Entrez, dans les maisons et tuez tout !
– On entendait des sergents dires :
– Tapez sur les Bédouins, fermes sur les Bédouins !

Ce n'est guère qu' en prêtant attention au récit qu'il fait, dans « Choses vues », d'un de ses rêves, où Paris, à la veille d'une répression militaire, prend l'aspect d'une ville d'orient, que l'on peut imaginer que la réalité monstrueuse de la colonisation, comparable à la terreur militaire qui s'abat sur le peuple de Paris au lendemain de ses révoltes, vient hanter Hugo.

Mais, seules les violences parisiennes sont dénoncées.

Dans son discours de 1879, il oublie tout ce qu'il sait des enfumades ordonnées par Bugeaud, comme du passé de Carthage et de l'Égypte, pour céder aux mensonges coloniaux sur la colonisation pacifique et sur la terre nullius que constituerait l'Afrique.

En face du fait colonial, son universalisme est pris en défaut.

Les justifications idéologiques de la conquête

L'idéologie colonisatrice, dans les années 1830-1840, n'est pas aussi intimement liée au nationalisme, qu'elle le sera dans la dernière partie du siècle. Les plus sceptiques face à la conquête de l'Algérie, dans les premiers temps de l'expédition française, sont d'ailleurs plutôt des nationalistes inquiets et dubitatifs face à une aventure orientale qui envoie loin de la métropole une armée qui serait mieux employée à défendre les frontières de la France.

Ce n'est qu'à partir du début des années 1840, et notamment après l'humiliation du Traité de Londres de juillet 1840, que l'on enregistre une inflexion nette du discours sur la conquête de l'Algérie. Celle-ci est alors utilisée comme prétexte à démontrer le prestige militaire et international de la France.

Victor Hugo, s'il a perçu cet infléchissement, ne semble pas avoir vraiment été sensible à ces « discours qui faisaient de la conquête algérienne un élément essentiel du prestige national de la France et de son rayonnement en Europe ».

Un autre discours sur la colonisation, celui-là largement majoritaire, est à l'époque susceptible de rencontrer plus de sympathie de la part de Victor Hugo.

Il s'agit du discours sur les lumières de la civilisation, qu'il s'agit d'exporter jusque dans les contrées barbares, que ce soit en Asie (les Anglais ayant montré la voie avec l'Inde), ou dans les pays soumis à ce que l'on a coutume depuis Montesquieu d'appeler le « despotisme oriental », en l'occurrence celui de l'Empire Ottoman.

Ce discours est porté notamment par les Saint-simoniens, mais aussi par des libéraux comme le philosophe Théodore Jouffray ou Alexis de Tocqueville, qui écrit en 1837 dans une « lettre sur l'Algérie ».

« (…), il faut bien s'imaginer qu'un peuple puissant et civilisé comme le nôtre exerce par le seul fait de la supériorité de ses lumières une influence presque invincible sur de petites peuplades à peu près barbares ; et que, pour forcer celles-ci à s'incorporer à lui, il lui suffit de pouvoir établir des rapports durables avec elles ».

Cette doctrine est, en règle générale, intimement liée, du moins dans les années 1830, à la volonté d'unifier l'Europe par la révélation de l'unité de civilisation qu'elle représente, et de mettre ainsi un terme à ses incessantes guerres intestines.
Saint-Simon et son disciple Augustin Thierry écrivent ainsi que :
« Le plus sûr moyen de maintenir la paix de la confédération (européenne), sera de (…) l'occuper sans relâche par de grands travaux extérieurs...». C'est à cette vision de la colonisation, qui doit contribuer à unifier le continent européen dans un grand projet d'étendre la « civilisation », aux confins du monde, et notamment en Afrique, que semble souscrire Victor Hugo, lorsqu'il rencontre en janvier 1841 le général Bugeaud, qui lui fait par de son hostilité face à une entreprise qui bloque les troupes françaises loin de ses frontières européennes :

« C'est la civilisation qui marche sur la barbarie, aurait-il déclaré. C'est un peuple éclairé qui va trouver un peuple dans la nuit. Nous sommes les Grecs du monde, c'est à nous d'illuminer le monde ».

C'est encore cette vision de la colonisation que défend sans détour Victor Hugo le 18 mai 1879, sensiblement diminué par la congestion cérébrale qui a failli l'emporter l'année précédente, il prononce un discours au banquet pour la commémoration de l'abolition de l'esclavage, en présence de Victor Schœlcher. Après avoir rappelé aux « quatre nations d'où sort l'histoire moderne », (la Grèce, l'Italie, l'Espagne et la France) qu'elles doivent s'unir pour « aller au sud » (en Afrique), rappelle ce qui lui semble être la mission de l'Europe :

« Refaire une Afrique nouvelle, rendre la vieille Afrique maniable à la civilisation », en s'en emparant, « non pour le canon, mais pour la charrue ; non pour le sabre, mais pour le commerce ; non pour la bataille, mais pour l'industrie ; non pour la conquête, mais pour la fraternité ».

Cela dit, le plus éminent promoteur et le fer de lance incontestable de « l'aventure coloniale », aura été paradoxalement l'homme de gauche que fut Jules Ferry, dont les discours engagés marquèrent profondément le monde politique français pour toute la durée de la période coloniale en Algérie :

« Messieurs, il y a un second point, un second ordre d'idées que je dois également aborder (…) : c'est le rôle humanitaire et civilisateur de la question (…). Messieurs, il faut parler plus haut et plus vrai ! Il faut dire ouvertement qu' en effet, les races supérieures ont un droit vis-à-vis des races inférieures (…).

Je répète qu'il y a pour les races supérieures un droit, parce qu'il y a un devoir pour elles. Elles ont le devoir de civiliser les races inférieures (…). Ces devoirs ont souvent été méconnus dans l'histoire des siècles précédents, et certainement quand les soldats et les explorateurs espagnols introduisaient l'esclavage central, ils n'accomplissaient par leur devoir d'hommes de race supérieure. Mais de nos jours, je soutiens que les nations européennes s'acquittèrent avec largeur, grandeur et honnêteté de ce devoir supérieur de la civilisation ».

Dans ce même discours est développé un autre aspect de la justification idéologique de la colonisation de l'Algérie. Celle-ci doit permettre de résoudre la « question sociale », ce problème du prolétariat urbain dont les déplorables conditions d'existence (ainsi que les soulèvements, en juin 1848, et lors de l'établissement en 1871 de la Commune de Paris notamment), constituent l'un des problèmes récurrents auquel est confrontée la réflexion politique au XIXe siècle, et dont la résolution constitue l'un des combats les plus constants de Victor Hugo à partir de 1848-1849. Ainsi, affirme ce dernier, la colonisation permettra de résoudre cette grave et urgente question :

« Versez votre trop-plein dans cette Afrique, et du même coup résolvez vos questions sociales, changer vos prolétaires en propriétaires. Allez, faites ! Faites des routes, faites des ports, faites des villes ; croissez, cultivez, coloniser, multiplier ; et que, sur cette terre, de plus en plus dégagée des prêtres et des princes, l'Esprit divin s'affirme par la paix et l'Esprit humain par la liberté ».

Ainsi, la colonisation apparaît, ici, aux yeux de Victor Hugo, comme elle était apparue dans la première moitié du siècle aux Saint-simoniens et aux fouriéristes, non seulement comme un moyen « d'éclairer les peuples en dehors, mais aussi, le moyen de réduire la part d'ombre et de barbarie qui règne au cœur même de la civilisation »

Dans cette perspective, le sort des populations colonisées est le grand absent du discours. Il n'y a guère que Michelet qui, dès 1846, dans son ouvrage le Peuple, rapproche l'Africain misérable au prolétaire européen :

« L'homme d'Afrique meurt de faim sur son silo dévasté, il meurt et ne se plaint pas. L'homme d'Europe travaille à mort, finit dans un hôpital, sans que personne l'ait su ».

Victor Hugo, dans un poème de 1869, intitulé Misère, a toutefois évoqué le sort désastreux des populations arabes d'Algérie, dans les dernières années de la décennie 1860 (la famine de 1868-1869, fait, 300 000 morts), le mettant en relation avec la répression sauvage des grèves menées par les ouvriers français de la même époque :
« L'Afrique agonisante expire dans nos serres », y est-il notamment écrit. Mais, ce poème, qui semble-t-il devait être intégré dans le recueil « les Années Funestes » (la suite de Châtiments), ne sera pas publié du vivant de son auteur, le chute du Second Empire ayant fait disparaître du même coup la raison d'être de ce livre.

Le cas de ce poème, non-publié, n'est pas isolé dans le corpus hugolien. Celui-ci s'est, en effet, exprimé publiquement sur ce thème :

« Hugo auteur de plus d'un millier de pages d'interventions politiques n'a pas consacré un seul de ses discours ou de ses articles à la question algérienne », explique Franck Laurent, qui a dû traquer dans les brouillons et aux détours d'allusions éparses dans les œuvres diverses de l'auteur des Orientales les éléments permettant de rendre compte des sentiments de Victor Hugo face à la conquête de l'Algérie.

Laurent réfute l'idée que ce silence doit être mis sur le compte de l'indifférence. En effet, «... l'œuvre de Hugo, y compris et surtout peut-être la part de celle-ci, qui demeura inédite de son vivant, recèle nombre de notes, d'allusions, voir de développements qui suffisent à prouver l'intérêt qu'il portait à l'expansion de la France, en Afrique, en Algérie plus particulièrement, et la connaissance qu'il en avait ».

Les silences (publics) de Victor Hugo ont sans doute à voir, à partir de 1851, avec des considérations de « tactique politique ». Le poète des Châtiments se pose alors en rassembleur des Républicains, au sein desquels les officiers qui se sont opposés au coup d'État de Louis-Napoléon Bonaparte sont des anciens d'Algérie : « Honnir l'armée du coup d' État glorifiait ces réfractaires ; dénoncer les pratiques de l'armée d'Afrique les aurait compromis ».

Il faut, peut-être y voir également des réserves de la part de Victor Hugo aux vertus de la colonisation de l'Algérie par la France.

Ces réserves transparaissent dans la conclusions du Rhin, publié au début de l'année 1842, texte aux accents machiavéliens plutôt inhabituels chez Victor Hugo, et qui constitue l'une des rares prises de position publique de celui-ci sur la question de la colonisation.

« Faire l'éducation du genre humain, c'est la mission de l'Europe.
Chacun des peuples européens devra contribuer à cette sainte et grande œuvre dans la proportion de sa propre lumière (...)Tous ne sont pas propres à tout.
La France, par exemple, saura mal coloniser et n'y réussira qu'avec peine (...). Chose étrange à dire et bien vraie pourtant, ce qui manque à la France en Alger, c'est un peu de barbarie.

Les Turcs allaient plus vite, plus sûrement et plus loin ; ils savaient mieux couper des têtes.
La première chose qui frappe le sauvage, ce n'est pas la raison, c'est la force.
Ce qui manque à la France, l'Angleterre l'a, la Russie également.
(…) L'enseignement des peuples a deux degrés, la colonisation et la civilisation.
L'Angleterre et la Russie coloniseront le monde barbare, la France civilisera le monde colonisé...»

Ce propos, note Franck Laurent, est « marqué d'un étrange jésuitisme, signe pour le moins d'un certain malaise » :
la nécessité de la « mission civilisatrice de l'Europe » y est réaffirmée, mais la colonisation « n'en reste pas moins un sale travail, qu'il vaudrait mieux laisser aux autres ».
Ce que l'on note surtout ici, c'est la dissociation qui est opérée entre l'œuvre de colonisation et l'œuvre de civilisation. Là où un Tocqueville et un Jouffroy estimaient quelques années plus tôt que le simple contact avec le colonisateur devait « civiliser » le colonisé, dans une entreprise harmonieuse de diffusion de la raison aux confins du monde, Victor Hugo rappelle cyniquement ce qu'est la réalité brutale de l'entreprise coloniale réelle.

C'est dans le même esprit que, dans un autre texte de 1842, non-publié celui-là, l'adversaire de la peine de mort qu'est Victor Hugo évoque l'arrivée de la « civilisation » à Alger, devant les yeux étonnés d'un

« groupe nombreux, hommes, femmes, arabes, juifs, européens, accourus et amassés autour du bateau à vapeur » qui l'a amenée depuis la France : il s'agit d'une guillotine.

Affirmer que la France ne fait pas montre de suffisamment de barbarie en Algérie reste pour le moins discutable. Victor Hugo lui-même le note dans ces « Choses vues » pour l'année 1852 : l'armée est « faite féroce par l'Algérie », elle y « devient tigre », et il s'inquiète de cette dérive dans un discours qu'il prévoit de prononcer devant la Chambre des pairs de Louis-Philippe en 1847 et qui « appartient à ces centaines de pages de brouillons de discours que le pair de France ne prononce jamais : « La barbarie est en Afrique, je le sais mais (…), nous ne devons pas l'y prendre, nous devons l'y détruire ; nous ne sommes pas venus l'y chercher, mais l'en chasser. Nous ne sommes pas venus (…) inoculer la barbarie à notre armée, mais notre civilisation à tout un peuple ».

Il faut toutefois noter que si Victor Hugo dénonce cette barbarie, il a moins dans sa ligne de mire les exactions commises sur les Algériens, dont il a pourtant connaissance, que les sévices infligés par l'armée à ses propres soldats, puis, à partir de 1851, les bagnes dans lesquels sont martyrisés les réfractaires au coup d'État de Louis-Napoléon Bonaparte.

La manière dont l'État-major traite ses hommes, essentiellement des appelés, en Algérie interpelle très tôt l'opinion publique, qui découvre les mauvais traitements et les brimades aux soldats pour les endurcir, ainsi que les sévices que doivent endurer les soldats des bataillons disciplinaires, qui rapellent les tortures évoquées en 1831 dans Notre-Dame de Paris. Hugo, qui comme beaucoup de ses contemporains voyait dans l'abolition de la torture l'un des grands progrès humains à porter à la gloire du Siècle des Lumières découvre qu'elle ressurgit, « perpétrée en Algérie par l'armée française, sur des soldats français ! » Hugo, alors pair de France, s'en émeut, et écrit au ministre de la guerre de Louis-Philippe (Saint-Yon), afin qu'il mette un terme à « ces pénalités d'expertise si durement et, disons-le, si illégalement appliquées à l'armée d'Afrique ».

À ces soldats réfractaires se superpose, à partir de 1850, une autre population carcérale, internée dans des forteresses, à la casbah de Bône, notamment. Les insurgés de juin 1848, dont 4 348 d'entre eux sont déportés à la suite d'une décision de l'Assemblée législative contre laquelle a voté Victor Hugo. Et, à ceux-là s'ajoutent encore d'autres insurgés, ces 6 151 Républicains déportés par le nouveau régime, après le coup d'État du deux novembre.

C'est à ces derniers, et à leurs souffrances, essentiellement, que pense Hugo quand il parle de l'Algérie. Onze des cent un poèmes des Châtiments, font référence, aux bagnes africains où croupissent ceux, qui se sont opposés à l'empereur haï. Ainsi, de celui composé à la mémoire de la militante Saint-simonienne Pauline Roland, déportée dans ce :

«...Lieu d'horreur pour les plus résolus ;
Terre au visage étrange où l'on ne se sent plus
Regardé par les yeux de la douce patrie ».

Franck Laurent note que se dessine ici, peut-être « un premier bilan complet de l'Algérie coloniale », placé sous le signe de ces effroyables prisons d'outremer :

« ...seul alors l'espace colonial pouvait accueillir, ces enfers de l'histoire, ces désastres du progrès que constituent et symbolisent ces bagnes où les mauvais traitements et le travail forcé épuisent et tuent à petit feu (...)

les meilleurs germes de l'avenir républicain. Seul un espace de ce type cumulait les « avantages » nécessaires à une telle invention.

L'éloignement dans le silence, les habitudes d'arbitraire et de despotisme d'une administration militaire toute-puissante, et la présence d'un personnel pénitentiaire à la fois endurci et démoralisé par vingt ans d'une guerre atroce, dans laquelle s'était érodé le sens de la pitié et du respect humain ».

L'Afrique est bel et bien ce lieu privilégié de la barbarie qu'Hugo évoquait dans le brouillon de son discours pour la Chambre des pairs, l'espace où « l'air, le climat, la population, le passé, les traditions (…) tout invite aux moyens extrêmes ». Mais, cette barbarie, le despote l'utilise à son profit, et l'armée coloniale la rapporte en France.

Si, comme on l'a vu, l'armée n'a pas précisément apporté la civilisation en Algérie, Hugo et certains de ses contemporains s'aperçoivent vite qu'elle en ramène la barbarie.

Les prémices de cette prise de conscience peuvent être datées de février 1848 lorsque, pour prévenir la révolution qui menace, et dont Hugo est pourtant loin d'être un fervent partisan, les généraux d'Algérie offrent de défendre la monarchie, dussent-ils mitrailler « cinquante mille femmes et enfants ». Celui qui à cette époque symbolise pour Hugo les craintes de l'importation en France des méthodes utilisées par l'armée en Algérie est le général Cavaignac, « le troupier africain », après qu'il a maté l'insurrection de juin 1848. La défaite de Cavaignac à l'élection présidentielle de décembre de la même année « ne soulagea que très provisoirement Hugo de ce sentiment de « menace africaine », et « la conversion du poète à la République démocratique, en 1849-1850, accentua encore, s'il était possible, sa défiance à l'égard du césarisme plus ou mois diffus qui flottait alors sur la France ».

Mais, c'est avec le coup d'État du deux-décembre, et la répression militaire de la contre-insurrection que la menace apparaît au grand jour, notamment lors de l'épisode du « massacre des boulevards ».

À cette occasion, Victor Hugo note dans Napoléon-le-petit (1852), que des sergents exhortaient leurs hommes à ne pas faire de quartier au cri de « vous tapez sur les Bédouins, ferme sur les Bédouins ! ».

Ces mêmes soldats qui, dans le poème « Cette nuit-là », sont qualifiés de « janissaires ». Le transfert métaphorique, note Franck Laurent, est assez évident :

« Ils sont analogues à ces soldats esclaves, puisqu'ils nient leur citoyenneté, jusqu'à aider à l'instauration du despotisme en France, dans sa variante moderne. Mais, on peut lire cette image autrement, et sur imprimer à ce transfert métaphorique une logique métonymique, si ces soldats français peuvent être des janissaires turcs, c'est aussi parce qu'effectivement, ils ont pris leur place, en Algérie ».

Si la barbarie de l'armée française est dénoncée, c'est essentiellement en ce que cette barbarie est dirigée contre le peuple français : la condamnation des violences coloniales, quand elle a existé, est restée discrète. Qui plus est, « la République restaurée, Hugo ne dénonce, ensuite, ni la poursuite de la colonisation de l'Algérie, ni l'intervention française en Tunisie en 1881 ». Finalement, en face de la violence du fait colonial en lui-même, écrit Gilles Manceron, « son universalisme est pris en défaut ». Franck Laurent écrit, quant à lui qu'elle « semble décidément bien difficile, en ce milieu du 19e siècle, la mise en cause directe de la conquête coloniale ».

Il n'y a guère, explique Gilles Manceron, que dans le récit qu'il a donné d'un rêve qu'il avait fait en 1847, et « où Paris, à la veille d'une répression militaire, prend l'aspect d'une ville d'Orient, que l'on peut imaginer que la réalité monstrueuse de la colonisation, comparable à la terreur militaire qui s'abat sur le peuple de Paris, au lendemain de ses révoltes, vient hanter Hugo ». Il y décrit ceci :

«... J'étais dans une grande place carrée, plus longue que large, entourée d'une espèce de vaste muraille et qui la fermait des quatre côtés. Il n'y avait ni porte ni fenêtres à cette muraille ; à peine çà et là quelques trous. À de certains endroits, le mur paraissait criblé ; dans d'autres, il pendait à demi entrouvert comme après un tremblement de terre. Cela avait l'air nu, croulant et désolé des places des villes d'Orient. Pas un seul passant, il faisait jour. La pierre était grisâtre, le ciel aussi. J'entrevoyais à l'extrémité de la place quatre choses obscures qui ressemblaient à des canons braqués.
    Une nuée d'hommes et d'enfants déguenillés passa près de moi en courant avec des gestes de terreur.
    — sauvons-nous, criait l'un d'eux, voici la mitraille.
    — Où sommes-nous donc ? Demandai-je. Qu'est-ce que c'est que cet endroit-ci ?
    — Vous n'êtes donc pas à Paris ? Reprit l'homme. C'est le Palais-Royal.
    — Je regardais alors et je reconnus en effet, dans cette affreuse place dévastée et en ruine une espèce de spectre du Palais-Royal. »

Franck Laurent, analysant ce rêve, note que « ce cauchemar de Paris devenu ville d'Orient semble être l'inversion monstrueuse de la belle colonisation : à la civilisation française s'imprimant sur la barbarie orientale, la recouvrant, la convertissant, répond ici là sur impression spectrale de la misère d'une ville algérienne, violentée par la guerre sur les murs d'un Paris où l'on tire à la mitraille ». Et il conclut son analyse par cette question :

« Est-il permis d'apercevoir, de rêver ici la parenté, la gémellité fantomatique de la guerre civile et de la guerre coloniale, de la résistance des Arabes d'Algérie et de la révolte des prolétaires parisiens ? Les poètes font parfois des rêves si bizarres... ».

Les propos tenus par les protagonistes de l'époque sont anciens, sur les races inférieures ou supérieures. En fait il n'y a qu'une seule race la race humaine.

Nous savons vous et moi que l'histoire de l'Algérie ne s'arrête pas là, mais son passé est si douloureux pour certains, qu'il est inutile de tourner le couteau dans les plaies vives de la décolonisation. De plus, ce n'est pas le sujet du livre. Donc je renvoie les lecteurs, aux livres spécialisés en la matière.

Conclusions.

La civilisation de l'Islam a apporté une contribution indélébile au corpus des connaissances de l'humanité. Son apport le plus important était de faire le lien entre la culture orientale et la culture occidentale au Moyen-âge, et d'avoir transmis à l'Europe un patrimoine inestimable de l'humanité. Les ouvrages d'Avicenne, Averroès, Al Khawarisme, Attusi, Jaber, Ibn Hayane, Al Idrissi et de plusieurs autres savants musulmans ont été pendant plusieurs siècles des références incontournables dans les universités européennes. L'héritage musulman de l'Europe est à l'origine de sa modernité.

Les empreintes de la langue arabe qu'on rencontre dans les langues latines témoignent de ce passage de relais.

La contribution de cette civilisation ne se réduit pas aux apports de quelques savants prestigieux, et représente dans l'histoire de la science non pas un épiphénomène, mais bien un chaînon spécifique dans un long processus évolutif.

Héritière de presque toutes les traditions scientifiques qui l'ont précédée (et pas uniquement celle de la Grèce), passage obligé vers les sciences ultérieures, elle constitue une des phases importantes de l'homme dans sa quête de la vérité, quête qui a démarré lentement dans la nuit des temps et qui s'est poursuivie à travers les traditions prestigieuses de la Chine, de l'Inde, de la Mésopotamie, de l'Égypte, de la Grèce et Hébraïque, pour ne parler que de celles qui ont un lien attesté avec la tradition scientifique arabe.

L'Islam, écrivent Louis Massignon et Roger Arnaldez, a joué un rôle très important dans l'épanouissement scientifique du Haut Moyen-âge. Les Arabes ont fait mieux que transmettre la science. Ils en ont éveillé le goût et ils ont commencé à confronter les concepts grecs avec l'expérience, ils ont mené une immense activité d'observations critiques où l'on peut voir à juste titre, un prodigieux éveil de la raison scientifique.
(Joseph Burlot, La Civilisation Islamique, Paris Hachette 1990 p.106

Référencement et outils au livre

-Conquête musulmane de la péninsule ibérique
Guichard 2000; p.22
Philippe Sénac – Présence musulmane en Languedoc -
François Clément -La province arabe de Narbonne au VIIe siècle in histoire et des musulmans en France- Albin Michel 2006,p.18

Jules Lacroix de Marlès, Histoire de la conquête de l'Espagne par les Arabes. Ed. A. Mame coll. Bibliothèque des écoles chrétiennes. Tours 1847.
Évaristes Lévi-Provençal, histoire de l'Espagne musulmane, Maisonneuve et Larosse coll. « Références », Paris, 1999, 3 volumes fac-sim. De l'éd. 1950-1951

André Clo. L'Espagne musulmane, Librairie académique Perrin 1999, 429p ISBN 2 26201425-6
Pierre Guichard Al-Andalus 711-1492 Hachette littératures coll Pluriel 2000,269p ISBN 978-2-012-79030-8
Les invasions du Moyen-âge- les sarrasins-

Expulsion des morisques d'Espagne -
Braudel 1992, p 515
Augustin Redondo, Parizs Presse Sorbonne Nouv elle, 1993 N° ISBN 978-287854-068-0 et 2878540689
Bennassar 1992, 468
Morisques, Michel Boeglin et Vincent Parellot
Jean Jolly, histoire du continent africain vol. I éd. L'Harmattan, Paris, 1996 p.164
Université Paul-Valéry, les Morisques et leur temps éd. CNRS Paris, 1983,

p.306 ISBN 2222032210
Youssef Elidrissi « les racines de l'exclusion »
Leila Meziane, Salé au XVIIe siècle, terre d'asile Morisque …
Manuel Barrios Agiuilera ISBN 8484445364
Rafael Benitez Sanchez-Blanco ISBN 8478223649

Fernand Braudel ISBN 2253061689
Louis Cardaillac ISBN 9782252019016
Antonio Dominguez Ortiz et Bernard Vincent ISBN 9788420624150
Joan Fuster N° ISBN 978-84-297-4920-5

Henri Lapeyre Géographie de l'Espagne morisque ed. Sevpen, Paris, 1959.
Pierre Guichard , les débuts de la piraterie andalouse en Méditerranée.
Les sarrasins dans le Languedoc. Site des familles d'Arsonval et Darsonval.
Les Pyrénées Catalanes – Ria -/ histoire – sarrasins.

La catalogne Nord
Guifred le Velu
conquête de la septimanie. Wikipédia.
expulsion des Morisques d'Espagne.
André Larané – chute de grenade.

Mohamed El Mazouni, professeur à l'université Ibn Zohr, Agadir Maroc, Migrations religieuses. Et l'expulsions des musulmans en plusieurs temps.
Les grandes découvertes :
Bernal Diaz del Castillo (trad. John Michael Cohen) N° ISBN 978-0-14-044123-9

Antonio Galvao.ISBN 978-0-7661-9022-1
Jan Huyghen van linschoten ISBN 978-81-206-1928-9
Armando Cortesao ISBN 978-81-206-0535-0

Peter C. Mancall Oxford University Press US proche ISBN 978-0-19-515597-6

Janet Abu-Lughod Oxford University Presse US 1991 ISBN 978-0-19-506774-3

James Maxwell Anderson ISBN 978-0-313-31106-2

Germain Arciniegas Octagon Books, ISBN 978-0-374-90280-3

Felipe Fernandez ISBN 978-0-393-06259-5

David Arnold ISBN 978-0-415-27996-3

Charles Ralph Boxer

Timothy Brook The confusions of Pleasure : commerce and culture in Ming University of California Press 1998, Ier éd.ISBN 978-0-520-22154-3.

William E. Burns N° ISBN 978-0-87436-875-8

Paul Butel ISBN 978—0-415-10690-0

Juan Ricardo Cole, ISBN978-1-860064-736-9

Noble David Cook ISBN 978-0-521-62730-6

Alfred W. Jr Crosby ISBN 978-0-275-98092-4

Alan Cromer Oxford University press US ISBN978-0-19-509636-1

John A. Crow University California Presse ISBN 978-0-520-07723-2

Ronald Daus GermanyPeter Hammer Verlag ISBN 978-3-87294-202-9

Frances Gardiner Davenport US Washington

Jensen de Lamar ISBN 978-0-669-20007-2

Bailey Diffie, ISBN 978-0-8166-0782-2

Société Diane Publishing ISBN 978-0-87169-248

Liens externes :
Ricardo Duchesne
Amerigo Vespucci (Encyclopédia).
Ancient Silk Road Travelers (Fondation)
By the road of pathfinders

Discoveryng Francis Drake's California Harbor.
David Bensoussan L'Espagne des trois religions, grandeur et décadence de la Convivencia Paris éd. L'Harmattan 2007.
Denis Menjot et Michel Balard Les Espagnes médiévales 409-1474 Paris éd. Hachette 1996

Dominique Urvoy Histoire de la pensée arabe et islamique Paris, éd. Du Seuil 2006
Dominique Urvoy Averroès : Las ambiciones d'un intelectual musulman Madrid ed. Alianza Ed. 1998 traduit du français.

Wikipédia.
Les Arabes et les Musulmans du Moyen-âge ont appliqué le nom de al-Andalus à toutes les terres qui faisaient auparavant partie du royaume wisigoth. La péninsule ibérique et la Septimanie. Eloy Benito Ruano. Real academia de la Historia 2000, P.79.

Pour les Auteurs arabes du Moyen-âge le terme al-Andalus sert à désigner toutes les zones conquises, même temporairement- par les troupes arabo-musulmanes dans les territoires appartenant aujourd'hui au Portugal, à l'Espagne et à la France. José Angel Garela de Cortazar. Institution de Estadios Riojanos 1995, p52

François Clément. La Narbonnaise (ou Septimanie) fut considérée comme incluse dans les limites d'al-Andalus VIIIes. (Albin Michel 2006, P.18)
Ahmad al-Râzi écrit-il qu'al-Andalus a la forme d'un triangle et que le second de ses angles se trouve dans la partie orientale d'al-Andalus, entre la ville de Narbonne et celle de Barcelone.
Philippe Sénac, les Carolingiens et al-Andalus, Maisonneuve et Larose 2000, P40.
Joseph Pérez – parmi les envahisseurs de 711, les Arabes proprement dits étaient une infime minorité (…), la majorité était formée de Berbères, c'est pourquoi les Espagnols, pour évoquer la domination musulmane préfèrent parler de Maures, c'est-à-dire de Maghrébins - (Histoire de l'Espagne
Sylvain Gouguenheim Historien médiéviste Français, Aristote au mont Saint-Michel.
Serafin Fanjul – la Nouvelle revue d'histoire - revue fondée par Dominique Venner : Le livre de Gouguenheim est excellent, bien structuré, magnifiquement documenté.
Boris Thiolay – l'Express – dossier spécial.
Philippe Sénac, Musulmans et Sarrasins dans le sud de la Gaule du VIIIe siècle au XIe siècle, Sycomore 1980 PP-52-53
Jean Prieur Villeurbanne, faculté des lettres et sciences humaines R. Gauthier 1968, 257 P.P61

Les frères Barberousse : Wikipédia.
André Bonnery, la Septimanie sème la zizanie.
Adolphe de Pontécoulant.
Elisabeth Carpentier. P42
Commission archéologique de Narbonne, imprimerie Gaillard 1877, v.20 p 349
Jean Lacam les Sarrasins dans le haut Moyen-âge français, par GP Maisonneuve 1965, p22

André Bonnery, La Septimanie, Loubatières 2005, p109
Alain Corbin (dir) et Françoise Micheau 1515 et les grandes dates de l'histoire de France, Seuil 4 février 2005 ISBN 2020678845, p36.
Edgar Weber N° ISBN 9782866003838 Toulouse Presses Universitaires du Mirail 1989, 406 p.
Franco Cardini The Making of Europe ISBN 0631226370
Mohammed Telhine Editions l'Harmattan, 2010, p36
Edouard Baratier Toulouse 1990, p59 ISBN 978-2-7089-4754-2
Jean-Pierre Poly, la Provence et la société féodale 879-1166 Paris 1976.
Histoire du Languedoc-Roussillon :
Dominique Garcia – La Celtique méditerranéenne, habitats et sociétés du Languedoc et en Provence VIIIe siècle- IIe siècle av. j-C, éditions Errance, Paris, 2004. ISBN 2877722864.
Jonathan Laurence et Justin Vïsse, Intégrer l'Islam p.33 Odile Jacob 2007, ISBN 978-2-7381-1900-1.
Monastir del Camp (Wikipédia).
Marcel Durliat Editions Tramontane Perpignan 1948-1954.
Géraldine Mallet , Montpellier Les Presses du Languedoc 2003, 334 p ISBN 978-2-8599-8244-7.
Les origines de la Catalogne, de la marche d'Espagne carolingienne au comté de Barcelone par Philippe Conrad, Historien, Directeur de séminaire au Collège interarmées de Défense.
La civilisation arabo – musulmane n'a rien inventé, par Paul Balta.idée reçue
Sciences arabes :
La civilisation islamique, les mathématiques et les autres sciences, de l'Encyclopedia Universalis en ligne (site payant) articles de Georges C. ANAWATI et Roshdi RASHED.
Abdulhak Adnan la science chez les Turcs ottomans Paris 1939.
Samir Azar, les sciences dans l'Islam Paris-Méditerranée 2005
Antoine Gauthier, l'âge d'or de l'astronomie ottomane dans l'Astronomie

décembre 2005, vol.119.
Bertrand Gille Histoire des techniques la Pléiade 1978 ISBN 978-2070108817.
Roshdi Rashed Histoire des sciences arabes (3 volumes), Le Seuil Paris 1997.
Fascicule Histoire des Sciences.
Abrougui Mondher, Abrougui-Hattab Hanène § Soudani Mohamed 1998 – Faculté des Sciences de Bizerte – Tunisie.
Gerber d'Aurillac. Wikipédia.
La Prise d'Alger par les Français en 1830 Wikidia.
Les Débuts de la Conquête : Alexis de Tocqueville 1841.
La conquête de l'Algérie 1830-1847. (Le point).
Colonisation de l'Algérie, les raisons de la conquête par Joseph Castano.
Conquête de l'Algérie par la France Wikipédia.
Ouvrages universitaires Jacques Heers, les Négriers en terre d'Islam Paris Perrin 2008.
Ouvrage fondamental sur ce sujet est le livre de Charles-André Julien 1891-1991.
Ouvrage d'époque : Edmond Pellissier de Reynaud , Annales algériennes.
Victor Hugo et la conquête de l'Algérie.
Sources : Victor Hugo écrits politiques.
Franck Laurent, - Victor Hugo face à la conquête de l'Algérie -.
Gilles Manceron, Marianne et les colonies.
Uniquement les extraits consacrés à Victor Hugo reproduits sur le site de la ligue des droits de l'homme de Toulon .http://www.ldh-toulon.net.

Chapitres

Introduction...............................	page 2
Les Origines de la conquête.............	page 3
La traversée des Pyrénées................	page 11
l'Emirat de Cordoue........................	page 20
Successeur Abd el-Rahman..............	page 23
Abd al-Rahman II, l'âge d'or............	page 29
Les Taïfas (1031-1086)....................	page 45
Les Almohades..............................	page 54
La Bataille de Las Navas de Tolosa.	page 56
Le Royaume de Grenade...................	page 59
La révolte des Morisques 1609........	page 61
les ethnies du VIIIe au XIVe siècle	page 63
La Reconquista..............................	page 69
Economie et commerce...................	page 71
Présence sarrasine en France..........	page 81
Histoire du Languedoc-Roussillon	page 90
Commune de Passa, PO, le Monastir del camp..	page 93
Guifred le Velu...............................	page 94
Science arabe..................................	page 103
Quel héritage les Arabes ont-ils légué à l'Espagne..	page 110
L'histoire du Commerce en Europe.....	page 113
La Finance italienne et les premières banques...	page 132
Et, après la reconquista........................	page 136
Les pirates barbaresques ont réussi à tenir en échec..	page 148

Esclavage des blancs................................	page 157
L'histoire oubliée des blancs réduits en esclavage...	page 169
La traite des Slaves....................................	page 179
La condition humaine, des blancs en terre d'Islam, dans le passé..............................	page 181
Pourqoi y a-t-il, si peu d'intérêt pour l'esclavage en Méditerranée ?	page 191
L'histoire d'une attaque pirate..................	page 193
Droit de la mer et des littoraux................	page 197
L'entrée en jeu des marines et de l'US Navy 1801-1805...	page 200
Conquête de l'Algérie, par la France........	page 208
Victor Hugo et la conquête de l'Algérie...	page 237
Les justificatifs idéologiques de la conquête..	page 245
Conclusions..	page 258

****

Du même auteur :

Souvenirs d'un homme ordinaire ISBN : 9782322032815
livre broché

Des Pharaons et des Hommes ISBN : 9782322037117
livre broché

L'Envers du Décor ISBN : 9782322013821
livre broché

© 2016. Chantal Grand

Edition: BoD - Books on Demand
12/14 rond-point des Champs Elysées, 75008 Paris
Imprimé par Books on Demand GmbH, Norderstedt, Allemagne.
ISBN : 9 782 810 628 544

Dépôt légal : Février 2016